Kinder im Garten

ROSA WOLF

Kinder im Garten

Naschen · Klettern
Matschen · Toben · Gärtnern
Basteln · Entdecken

MEHR GARTEN LEBEN

blv

Inhalt

Planen

Gärtnern

Spielen

Erleben

Anhang

Planen

Damit sich alle wohlfühlen: Planen Sie Ihren Familiengarten

»Tooor! Tooor!« schallt es aus dem Garten, Andreas spielt dort mit seinen Freunden Fußball. Die Jungs haben einen Riesenspaß – nur die Eltern nicht. Denn das Fußballtor der Kinder liegt genau vor der Rosenrabatte. Mit jedem Treffer steigt die Gefahr für 'Madame Isaac Pereire' und 'Madame Hardy' – was die Kinder nicht bemerken: die Alten Rosen liegen genau in ihrer Schusslinie. Was für ein Ärger.
Das muss nicht sein. Planen Sie Ihren Garten für die ganze Familie, dann können die meisten Bedürfnisse der Kinder und Erwachsenen erfüllt werden und alle fühlen sich wohl. Jeden Garten kann man so gestalten, dass Kinder darin ihre Abenteuer erleben können, ohne dass »bunte Spielgeräte« als Fremdkörper im Garten dominieren und die Erwachsenen aus dem grünen Reich verdrängt werden.
In jedem Hausgarten ist genug Platz, auch in einem schmalen Reihenhausgarten. Ideen dafür liefert unser Buch.
Eine wohl überlegte Planung lohnt sich, denn wer seinen Garten für die gesamte Familie gestaltet und dabei so viele Wünsche wie möglich berücksichtigt, erlebt später ein entspanntes Miteinander. Sie fragen sich, ob das wirklich möglich ist? Es geht leichter als man denkt.
Das Leitprinzip für die Gestaltung des Familiengartens ist, den Garten in einzelne Bereiche einzuteilen, zum Beispiel in eine Spielecke für Kinder, in eine abgeschirmte Ruhezone für die Eltern und in den gemeinsamen Teil, in dem sich die ganze Familie trifft und mit Freunden Feste feiert.

Kinder lieben es, Ball zu spielen, zu rennen und zu toben. Am meisten Spaß macht das auf dem Rasen. Wenn dort aber auch die Gartenliege für ruhige Feierabende stehen soll, sind Konflikte vorprogrammiert. Schlauer ist es, die Ruhezone vom Spielrasen abzutrennen.
Grenzen, die man gemeinsam mit den Kindern festlegt, werden später leichter respektiert. Ersparen Sie sich und Ihren Kindern ständiges Schimpfen und Reglementieren. Klare Spielregeln akzeptiert fast jedes Kind, wenn man dessen Bedürfnisse ebenso ernst nimmt wie die Ansprüche der Erwachsenen.

Garten(t)räume für alle

Doch bevor Sie Pläne schmieden und den Spaten schwingen, sollten Sie ein paar grundsätzliche Fragen stellen. Finden Sie heraus, was genau nötig ist, damit Ihre Familie im Garten gemeinsam Spaß hat. Gibt es Pflanzen, die Groß und Klein Freude bereiten? Etwa ein alter Apfel- oder Kirschbaum, auf dem man wunderbar klettern kann und dessen Früchte den Jungen und Alten köstlich schmecken? Oder erfüllt eine große Rasenfläche die Träume der Jungs, mit dem Vater zu toben, zu raufen und Fußball zu spielen? Stehen Wettrennen, Sackhüpfen oder Eierlauf hoch im

Kinder &

Kurs, dann braucht es eine kreative Rasenfläche mit gemähtem Parcour. Ideen dafür finden Sie auf Seite 60. Liebt es Ihre Rasselbande, mit Ihnen am Feuer zu sitzen und Stockbrot zu rösten? Dann wäre eine Feuerstelle das richtige. Viele Kinder genießen es, mit den Eltern die Abenteuerromantik zu erleben. Dagegen wird eine gemütliche Sitzgruppe im lichten Schatten eines alten Obstbaumes der Ort für gemeinsame Kartenspiele am lauen Sommerabend sein.

Kinder unter sich

Was muss der Garten bieten, damit die »Kinder unter sich« Spaß haben und miteinander spielen können, ohne dabei anzuecken und die Eltern einzuschränken? Das hängt vom Alter der Kinder ab. Kleine Kinder fühlen sich wohl und sicher, wenn sie jederzeit Blickkontakt zu den Eltern haben können. Die wiederum wollen die Kleinkinder auch immer »im Auge« behalten. Das bedeutet, dass der Sandkasten so platziert wird, dass die Mutter von der Terrasse oder sogar durch das Küchenfenster jederzeit die Sandkiste beobachten kann.
Das Größte für die Kleinen aber ist, wenn direkt neben dem Sandkasten auch noch eine Wasserstelle sprudelt – Matschen fasziniert fast alle Kinder. Dann spielen sie stundenlang, versunken ins Burgen bauen, Kuchen backen oder nassen Sand stampfen. Sobald die Kleinen ein wenig flügge sind, suchen sie erste Verstecke. Gibt es im Garten genug natürliche Ecken, in denen sie ihre Abenteuer erleben,

Backe, backe Kuchen – je sonniger der Platz für die Sandkiste, desto früher im Jahr können die Kinder wieder darin spielen.

Eltern

Eifrig pflückt der kleine Gärtner noch stolz ein paar Ringelblumen. Er hat sie selbst im April ausgesät und ist noch immer völlig verblüfft über den Erfolg.

Höhlen bauen und ungestört »Club der toten Dichter« spielen können? Es braucht dafür keine große Wildnis. Geheimnisvoll und spannend wirken schon Trampelpfade.
Ältere Kinder suchen nach Plätzen, an denen sie ungestört sind. Der Garten der Eltern ist meist der einzige Ort, an dem sie draußen spielen können, ohne von Erwachsenen beaufsichtigt und eingeengt zu werden, sich aber dennoch beschützt fühlen.
Für das Gefühl, »unbeobachtet« zu sein, reicht schon eine kleine Lichtung im Gebüsch oder ein Schleichweg zum versteckten Weidentipi (siehe S. 27). Viele Kinder träumen aber auch von einem kleinen Gartenhäuschen oder gar einem Baumhaus, in dem sie alles machen dürfen, was sie wollen.

Gärtnern wie die Großen

Lassen Sie die Kinder teilhaben an der sinnlichen Freude des Gärtnerns. In der warmen Erde wühlen, winzige Samen säen oder kleine Pflänzchen in die Beete setzen, das macht Spaß. Zu sehen, wie aus einem Samenkorn, das man selbst gesät hat, eine zarte Blume oder ein stattlicher Kürbis wird, fasziniert und macht stolz.

Auf spielerische Weise nähern sich die Kinder der Natur und begreifen, dass Pflanzen Lebewesen sind, auch wenn sie nicht laut schreien oder lachen. Diese frühe Naturerfahrung prägt ein tiefes Verständnis für natürliche Zusammenhänge. Letztlich entsteht so Respekt vor unserer Lebensquelle, der Natur.
Ein eigenes Beet ist für ältere Schulkinder sinnvoll. Geschwister können

sich auch ein Beet teilen. Wie das aussehen könnte, zeigt die Grafik auf Seite 41. Kleinere Grünfinger überblicken nur einen sehr kleinen Bereich, gerade mal so weit wie ihre kurzen Armen reichen. Reservieren Sie den Gartenzwergen einen großen Topf mit ihrer Lieblingsblume, das reicht für die Süßen völlig aus.

Faszination Natur

Was war das? Hat sich das Gras nicht gerade bewegt? Ein glänzender Käfer, eine behaarte Spinne oder vielleicht ein Regenwurm, der sich geschmeidig zwischen den Grashalmen durchschlängelt? Kaum ein Kind kann da widerstehen. Trotz Skrupel überwiegt die Neugierde. Viele strengen sich an

Gehen Sie zusammen mit den Kindern hinaus in die Natur und betrachten Sie die Welt mit Kinderaugen – das tut Ihnen und Ihren Kleinen gut.

und versuchen, die Tiere zu fangen, in ein Behältnis zu packen und stolz der Mutter auf die Terrasse zu bringen. Kinder sehen Pflanzen und Tiere mit ganz anderen Augen als Erwachsene. Fruchtstände der Waldrebe *(Clematis)* fühlen sich für Kinder an wie kuschelweicher Teddypelz, Kröten, Frösche oder schleimige Schnecken betrachten sie als glitzernde Kostbarkeiten. Lassen Sie ruhig zu, dass die Kleinen alleine auf Entdeckungsreise gehen wollen. Wenn Giftpflanzen aus dem Garten verbannt sind und der Gartenteich eingezäunt oder erst gar nicht vorhanden ist, kann wenig passieren. Mit Gummistiefeln und fester Jeans, einer Lupe und einem Karton oder Einmachglas ausstaffiert, entdecken die kleinen Pioniere eine neue Welt. Nehmen Sie sich Zeit und begeben Sie sich auf die Ebene der Kinder,

Damit Käfer, Raupen oder kleine Schnecken zu Hause überleben, setzt man sie zusammen mit Laub in ein Einmachglas mit luftdurchlässigem Deckel.

Eine Hängematte in einem stillen Winkel im Garten lädt ein, für ein paar Stunden die Seele baumeln zu lassen.

dann spüren Sie vielleicht einen Hauch der Anziehung, die von schwarzen Mistkäfern, glänzenden Salamandern oder großen Weinbergschnecken auf Kinder ausgeht. Ein Freund erzählte mir, er habe als Kind Weinbergschnecken Namen gegeben, »Egon« etwa, und diesen auf das Haus geschrieben. Er hatte Glück,

SICHTSCHUTZ

Eine schnelle Lösung: fertig begrünte Efeu-Sichtschutzwände. Der Clou: Die Pflanzen stehen in Kokos-Kästen, die komplett mit in den Boden eingepflanzt werden. Die Efeu-Wurzeln wachsen durch.

und »Egon« kam jedes Frühjahr wieder aus dem Gebüsch gekrochen. Wäre das nicht eine Idee für Ihre Kinder?

Freiräume für die Eltern

Damit sich die gesamte Familie im Garten wohlfühlt, brauchen nicht nur die Kinder genügend Platz für ihre Spiele. Auch die Erwachsenen sollten in ihrem Garten genug Raum finden. Erlauben Sie sich die Frage: »Wie schaffe ich Freiräume für mich selbst, für Ruhe und Entspannung?«
Je nach Vorlieben können das Rosen-, Blumen- oder Gemüsebeete oder auch ein gemütlicher Grillplatz sein. Fast alle aber suchen Ruhe und Erholung an der frischen Luft, also Sitzplätze und ruhige Winkel, um den Alltagsstress loszulassen und draußen im Garten Energie zu tanken.

Hinter dichten Hecken, blühenden Sträuchern oder einem hohen Bambus stehen Liegestühle und Gartenbänke gut versteckt. In großen Gärten sorgt allein schon die Entfernung zum Haus für Abgeschiedenheit und ruhige Stunden.

Inseln der Stille in kleinen Gärten

Wer einen schmalen Reihenhaus- oder einen Doppelhausgarten besitzt, der braucht auf seine Freiräume für Erholung nicht zu verzichten.
Lange Handtuchgärten lassen sich mit dichten Hecken in mehrere Garten-»zimmer« unterteilen. Wem das zu einengend wirkt, der kann sich mit einer kleinen Laube oder einer geflochtenen Weidenmuschel ein Ruheplätzchen zaubern.
Perfekt abgeschirmt ist man auch in einem Strandkorb, der für den Windschutz am Meer entwickelt wurde, im Garten aber wunderbaren Blickschutz garantiert. Stellen Sie den Strandkorb dort auf, wo auch im Winter die Sonne wärmt. Es gibt kaum etwas Schöneres, als mitten im Winter ein Sonnenbad im eigenen Garten zu nehmen. Mit dicken Wolldecken vor der Kälte geschützt, habe ich so viele erholsame Stunden im Garten genossen. Wundern Sie sich aber nicht,

DEN FAMILIENGARTEN PLANEN

Vom gemütlichen Frühstücksplatz aus hat man seine spielende Horde stets problemlos im Blick und unter Kontrolle.

Ideen sam

wenn Ihnen die Rasselbande zuvorgekommen ist. Ausruhen und genießen macht allen in der Familie Spaß.

Pläne schmieden

Unabhängig davon, ob Sie gerade mit Ihrer Familie ein Haus gekauft haben und vor einem leeren Garten stehen oder ob Sie bereits längere Zeit Ihren Hausgarten genießen und jetzt Kinder Ihr Leben bereichern – planen Sie den Garten für die ganze Familie so, dass sich alle darin wohlfühlen. Bedenken Sie bei der Planung auch, dass sich die Ansprüche der Kinder mit der Zeit verändern und der Garten im Idealfall mitwächst. Eine Mulde zum Buddeln und Matschen etwa kann später der Platz für den Gartenteich sein.

Am Anfang der Planungsphase steht das moderne »Brainstorming«, also den Geist durchpusten zu lassen, alle Ideen zu sammeln und ungeordnet auf ein Blatt Papier zu schreiben. Neben Freiräumen für Ruhe und Erholung tauchen vielleicht Grillplatz, Obstbäume, Kräutergarten und Rosenbeet auf. Vergessen Sie aber nicht den Schuppen für die Gartenwerkzeuge und den Rasenmäher, einen Stellplatz für Fahrräder oder Stauraum für Kaminholz und den Sonnenschirm im Winter einzuplanen.
Auch auf Gartenschauen oder Abenteuer-Spielplätzen findet man viele Anregungen. Die Lösungen dort sind oft sehr groß und nicht 1:1 auf den Hausgarten übertragbar, doch Inspirationen geben sie allemal.

Zwischen Terrasse und Hollywoodschaukel liegt ein regenfester Gartenteppich – darauf lässt es sich gut krabbeln, toben, bauen und spielen.

meln

Pläne schmieden macht hungrig. Eine Runde Himbeereis oder Vanillequark kommen da gerade recht – zusammen schmeckt es ’eh viel besser.

Wichtig ist in dieser Phase, nichts zu bewerten! Vorschnelle, pessimistische Urteile wie »Das ist zu teuer für uns« oder »Das geht doch eh nicht« sollten Sie vermeiden. Man weiß nie, was später möglich wird. Außerdem überraschen Kinder mit kreativem Improvisieren und unkonventionellen Wegen.

Garten-Traumwerkstatt

Wenn Ihre Kinder schon etwas größer sind und bereits schreiben können, dann fordern Sie sie auf, eine eigene Wunschliste zu erstellen. Lassen Sie die Kinder »Pläne schmieden«, mit Buntstiften zeichnen – alles, was sie sich so erträumen.
Die Kleinen, die noch nicht schreiben können, malen ihr Kinderbeet und formen aus Knetmasse ein Modell für ein Kinderhaus. Auch die Erwachsenen haben Zutritt zu dieser Garten-Traumwerkstatt.
Wenn Sie beide Listen vergleichen, fällt Ihnen vielleicht auf, dass es auch übereinstimmende Vorstellungen gibt. So bereiten Erdbeeren großen wie kleinen Naschkatzen Freude, und eine Hängematte im kühlen Schatten wird sicher von allen gerne mal besucht. So mancher Wunsch von Groß und Klein lässt sich mit einer Lösung erfüllen.

Alles zu seiner Zeit

Es ist völlig normal, wenn das Geld, die Zeit oder der Platz nicht reichen, alle Wünsche auf einmal und sofort zu realisieren. Das lässt sich auch den Kindern plausibel machen. Vereinbaren Sie für sich und die Kinder einen Zeitplan, der sich durchaus über ein-

Wunschlis

WUNSCHLISTE

Kinderträume

- große Rasenfläche zum Toben, Rennen und Fußball spielen
- Sandkasten mit Wasserelementen
- eigene Kinderecke mit Haus, Hütte oder Höhle
- Baumhaus
- Kletterbaum
- Kinderhaus
- Rutsche
- Schaukel
- Indianerzelt
- Weidentunnel
- Bastelecke
- Turngeräte wie ein Schwebebalken, ein Reck oder ein Trampolin
- Klettergerüst mit Kletterspinne, Leiter und Schwingseil
- Sonnenuhr auf einem runden Kiesplatz mit Rute als Zeiger
- Basketballkorb
- Fläche zum Einrad-Fahren
- Feuerstelle für Lagerfeuer und Halloweenparty
- Kinderbeet mit viel Naschobst wie Erdbeeren oder Himbeeren
- Zeit der Eltern fürs gemeinsame Spiel.

Elternwünsche

- große Terrasse
- kleiner Frühstücksplatz
- ruhige Sitzplätze, im Garten verteilt
- Hängematte im stillen Winkel
- Sitzgruppe für die ganze Familie
- Gartenteich mit Fontäne und Brücke
- Rosenbogen
- Spalierobst
- Pergola mit Blauregen oder Kiwi
- regenfeste Gartenwege
- Rabatten mit Stauden und Rosen
- Kräuterspirale oder Kräuterbeet
- Sichtschutz entlang der Grenzen
- Swimmingpool
- Grillplatz
- Holzdeck
- Treppen aus Naturstein
- kostbare Figuren als Blickpunkt in streng angelegten Blickachsen
- wertvolle Gehölze wie Kamelien oder Magnolien
- Notwendigkeiten wie Geräte- und Fahrradschuppen, Platz fürs Kaminholz, Kompost.

nige Jahre erstrecken kann. Die Kinder könnten dann in Ihrer Traumwerkstatt einen Entwicklungsplan malen, einen bunten Kalender für mehrere Jahre.

Grüner Rasen zum Toben

Eines ist aber von Anfang an klar: Rasen muss der Familiengarten haben. Damit die Kinder darauf den ganzen Sommer toben, raufen und rennen können, muss er strapazierfähig sein. Ersparen Sie sich braune Stellen, Pfützen oder Schlammlöcher, die das Gartenbild empfindlich stören. Die Basis für den robusten Spielrasen ist die gründliche Vorbereitung des Bodens. Das Ziel ist ein durchlässiger Untergrund, damit bei Regen das Wasser schnell nach unten abläuft. Sehr lehmige Böden lockert man mit Sand auf, steiniger Untergrund erhält eine Schicht Mutterboden. Ebenso wichtig ist aber die Wahl des Rasen-Saatgutes. Weil beim Famillienmatch schon mal die Fetzen fliegen, müssen die Gräser Lücken schnell schließen. Das schaffen nur strapazierfähige Gräser wie die Wiesenrispe *(Poa pratensis)* oder Deutsches Weidelgras *(Lolium perenne)*. Enthalten sind sie in Saatgutmischungen, die den Namen »Sport- und Spielrasen« tragen. Der höhere Preis zahlt sich aus.
Damit der Garten möglichst viele Wünsche erfüllen kann, teilt man ihn in unterschiedliche Bereiche ein. So wird es möglich, dass alle zeitgleich im Garten das tun können, worauf sie gerade Lust haben, ohne dass es ständig zu Konflikten kommt.

Grenzen sorgen für Klarheit

Abhängig vom Stil des Gartens wählt man die Elemente, mit denen man die gesamte Gartenfläche gliedert. Laubgehölze wie Buchen, Liguster und Weißdorn lassen sich leicht durch regelmäßigen Schnitt zu formalen Hecken erziehen und gelten als sehr wertvolle Brutplätze für Singvögel.

Der Vorteil dieser bunten Kunststoff-Spielgeräte: Sie sind leicht, mobil und lassen sich nach dem Spielen wegräumen.

te

Beispiel für einen gelungenen Familiengarten

Terrasse am Haus mit Spielzone

Dieser Reihenhausgarten ist schmal, lang und mit 100 m² sehr klein. Doch eine geschickte Raumaufteilung sorgt dafür, dass alles, was sich eine Familie wünscht, darin seinen Platz hat. Das Grundstück wurde dafür dreigeteilt:
In eine **Terrasse** direkt am Haus, in eine **Spielzone** mit Sandkasten und Wippe, und in einen **Ziergarten** mit Rosen, Staudenbeeten und einen Sitzplatz zum Träumen für die Erwachsenen.
Eine hüfthohe Buchenhecke grenzt Spielzone und Ziergarten voneinander ab. Der Boden des Spielplatzes ist mit Kies bedeckt. Eine Pergola trennt die Terrasse und den Spielbereich, ohne die Sicht auf die Kinder zu nehmen. Daran blühen stachellose Ramblerrosen wie ‘Bobby James’ oder ‘Super Dorothy’. Wenn die Kinder älter sind, kann die Spielzone zu einem Rosen- oder Kräutergärtchen umgestaltet werden.
Für Familien mit kleinen Kindern ist die Sandkiste direkt an der Terrasse ideal.

Praktisch ist auch der Geräteschrank direkt an der Sichtschutzwand, darin sind am Abend die Spielsachen flugs verstaut. Sonnenblumen und Himbeeren schirmen den Spielplatz ab. Hinter der Sitzbank ist Platz für die Bretter, mit denen der Sandkasten nachts vor Laub und Katzen geschützt wird.

Ziergartenbereich mit
zweitem Sitzplatz

Wer ein Stück vom giftigen Fingerhut in den Mund nimmt, reagiert meist sofort mit Erbrechen. Zu schweren Vergiftungen kommt es daher nur sehr selten.

Kinder können so die putzigen Sänger beim Nisten beobachten. Im Winter lassen Laubgehölze ihre Blätter fallen und man kann durch sie hindurchschauen, doch der Garten bekommt so in der farblosen Jahreszeit auch eine neue Dimension.
Immergrüne Hecken bilden das ganze Jahr grüne Wände, der Garten bleibt auch im Winter kleinteilig. Allerdings sollte man bedenken, dass viele immergrüne Gehölze giftig sind.

Wer keine geraden Hecken im Garten mag, der kann sie auch kreisförmig pflanzen. Man lässt lediglich einen kleinen Eingang an der vom Haus abgewandten Seite – fertig ist die Oase. Ähnlich wirkungsvoll wie Hecken sind auch Zäune und Flechtwände, die man mit Kletterpflanzen wie Efeu, Hopfen oder Kriechspindel bepflanzt. Für das erste Jahr empfehlen sich zusätzlich Kapuzinerkresse oder Feuerbohne. Die einjährigen Schlinger wachsen schnell und schmücken den Garten zusätzlich mit Blüten. Damit kaschieren Sie die anfangs nüchterne Konstruktion aus Holz oder Metall.

Ein Garten wächst mit

Bedenken Sie bei der Planung auch, dass die Kinder ja älter werden und sich damit deren Ansprüche an den Garten verändern. Ein Beispiel dafür ist ein Klettergerüst, dessen Größe, Form und Standort so geplant werden kann, dass man es später, wenn die Kinder groß sind, als Pergola für einen Sitzplatz nutzen kann (siehe S. 25).

Sicher ist sicher

Die größte Gefahr für Kinder im Garten stellt der Gartenteich dar. Wenn kleine Kinder im Haus sind, verzichtet man entweder ganz darauf oder man macht ihn mit stabilen Netzen oder hohen Zäunen kindersicher. Eine sehr flache Wasserlandschaft mit Planschbecken und Sprudelstein wäre eine gute Alternative. Dann müssen die Eltern nicht auf das Element Wasser verzichten – zur Freude der Kinder. Nichts zieht sie mehr in den Bann als Wasser – Planschen, Matschen und Spritzen garantiert Kinderlachen!

GIFTPFLANZEN – DIE WICHTIGSTEN ARTEN*)

Zwiebelblumen[1)]
Frühlings- und Herbstblüher

- Maiglöckchen *(Convallaria majalis)* – die roten Beeren
- Hyazinthe *(Hyacinthus orientalis)* – v.a. die Zwiebel
- Narzissen *(Narcissus)*
- Schneeglöckchen *(Galanthus nivalis)*
- Krokus *(Crokus)*
- Winterling *(Eranthis hyemalis)*
- Herbstzeitlose *(Colchicum autumnale)* – Blätter und Zwiebel sind sehr giftig!

Blütenpflanzen
Stauden und Sommerblumen

- Eisenhut *(Aconitum napellus)*, sehr giftig! Bloßer Hautkontakt führt zu Vergiftung
- Fingerhut *(Digitalis purpurea)*, sehr giftig, v.a. die Blätter
- Wolfsmilch-Arten *(Euphorbia*-Arten) – weißer Milchsaft
- Christrose *(Helleborus niger)* – sehr giftig sind die reifen Samenkapseln
- Rittersporn *(Delphinium*-Arten) – Blätter und Samen
- Schlaf-Mohn *(Papaver somniferum)*- Milchsaft

Gehölze
mit und ohne Beeren

- Seidelbast *(Daphne mezereum)*, sehr giftig. Die roten Beeren verursachen starke Krämpfe
- Eibe *(Taxus baccata)*, in allen Teilen stark giftig, außer roter Fruchtmantel
- Lebensbaum *(Thuja)*, gilt als giftig, verursacht Hautentzündungen
- Zu Unrecht als giftig gelten: Mahonie *(Mahonia aquifolium)*, Schneebeere *(Symphoricarpos)*, Vogelbeere *(Sorbus aucuparia)*.

Kletterpflanzen
ein- u. mehrjährige

- Was viele nicht wissen: die rohen Bohnen der Feuerbohne *(Phaseolus coccineus)* sind reich an giftigen Eiweißen (Phasin)
- Efeu *(Hedera helix)* enthält giftige Saponine, v.a. in den schwarzen Beeren
- Geißblatt *(Lonicera)*: rote Beeren sind schwach giftig
- Glyzine *(Wisteria sinensis)*: Blätter und Hülsenfrüchte sind giftig
- Wilder Wein *(Parthenocissus)* gilt als leicht giftig

*) Angegeben sind jeweils die giftigen Teile der Pflanzen
1) Alle Teile enthalten Giftstoffe

Giftig – oder nicht?
Kaum eine Frage rund um das Thema Kinder im Garten wird so kontrovers und häufig diskutiert wie »Giftige Pflanzen, ja oder nein?«
Die einen lehnen alle Giftpflanzen im Hausgarten konsequent ab. Die anderen Vertreter plädieren dafür, durchaus Giftpflanzen in den Hausgarten zu pflanzen, diese aber den Kindern zu zeigen. So könnte man den Kindern beibringen, was man in den Mund stecken darf und was nicht. Jeder muss letztlich selbst entscheiden, was er für richtig hält. Bewahren Sie im Notfall ein Stück der Pflanze auf, rufen Sie den Notarzt und zeigen ihm einen Teil der Pflanze. Auskünfte über Giftpflanzen erteilen Giftnotrufzentralen (siehe S. 116).

Gefahr für Kinder geht aber auch von hohen Stufen, scharfen Kanten und allzuviel hartem Beton aus. Überlegen Sie, ob nicht so mancher Gartenweg mit Rindenmulch oder Holzhäcksel weicher und damit kindgerechter gestaltet werden kann. Auch ein Barfußpfad mit Rundhölzern ist eine tolle Alternative.
Wer sehr viel elektrischen Strom im Garten verlegt hat, sollte die Kabel ausreichend tief vergraben, damit kein Kind mit der Gartenschere oder dem Spaten Unheil anrichten kann.
Eine gefährliche Sache sind auch achtlos weggelegte Werkzeuge wie Spaten und Hacken sowie scharfe Ast-, Hecken- und Gartenscheren. Am besten bewahrt man sie hinter verschlossener Tür im Schuppen auf. Dort haben auch sämtliche Dünger und Pflanzenschutzmittel ihren Platz.

Ein flacher Bach fließt unter dem Steg hindurch – ein sicherer und beliebter Treffpunkt für große und kleine Kinder zum Spielen und Beobachten.

Dieses romantische Gartenhaus bietet genug Platz für alle in der Familie, zum Spielen oder für ein Kaffeekränzchen.

Kinderträume werden wahr

So wie Kinder es im Haus genießen, einen Raum zu haben, in dem sie ihre Spielsachen wild auf dem Teppich verteilen, Krach machen und bei abwaschbaren Tapeten vielleicht sogar Bilder an die Wand malen dürfen, so groß und anhaltend ist die Freude über ein eigenes Reich im Garten.

Das kann die Sandkiste genauso wie ein Weidentipi sein, einfach nur eine kleine Ecke im Garten, die mit Büschen abgegrenzt ist und in die man den Boden mit Mulch weich bedeckt hat - Kinder machen aus allem etwas. Sie lieben es sogar, zu improvisieren und ihre eigenen Vorstellungen zu verwirklichen.

Es muss kein teures, fix und fertiges Spielhaus sein. Schon gar nicht, wenn es einfach nur so auf den Rasen gestellt wird. Das ist Spielen »auf dem Präsentierteller«, ohne Rückendeckung und Intimität. Daher verlieren fantasielos platzierte Spielgeräte häufig schnell ihre Faszination.

Mein eigenes Gartenreich

Ob es ein Holzdeck mit Spielecke ist oder aber ein kleines Haus mit Fenster und Türen, steht für die Kinder nicht unbedingt im Vordergrund. Wichtig ist, dass es in den Garten gut integriert wurde. Für die kleinen Stöpsel reicht oft die Sandkiste völlig aus. Steht sie sonnig, dann können die Kinder schon früh im Jahr darin buddeln. Im Sommer sollte ein Sonnenschutz für leichten Schatten sorgen. Ein Platz in der Nähe des Hauses ist ideal, aber nicht direkt an der Terrasse. Sonst schleppen die Kleinen den Sand ständig ins Haus. Mit Holzbalken lässt sich verhindern, dass alles zur Wanderdüne wird. Außerdem nutzen sie die Kinder als Sitzbank.

Ein Baumhaus ist das Größte

Wer träumt nicht davon, über den Dingen zu schweben und gelassen alles von oben zu betrachten?

Viele Jungs sehnen sich nach einem Baumhaus, das sie zusammen mit dem Vater selbst bauen wollen. Wichtig ist, dass so ein Haus solide erstellt und sicher in der Baumkrone befestigt wird.
Ideal dafür ist ein alter Baum, dessen Krone so stark ausgelichtet werden kann, dass darin ein Häuschen Platz hat. Damit das Haus auch sicher steht, muss man vorher prüfen, ob es kranke oder alte Äste in der Krone gibt. Wer nicht sicher ist, sollte einen Gärtner aus der örtlichen Baumschule zu Rate ziehen. In Frage kommen nur tragfähige Baumarten mit hartem Holz wie Eichen, Ahorne oder große Apfelbäume. Solange diese Bäume noch nicht hoch genug sind, eignen sie sich gut als Kletterbäume. Pflanzen Sie

Der alte Kirschbaum ist ideal für dieses süße Baumhaus. Seine lichte Krone lässt genug Helligkeit in die gute Stube.

Klettern

Gehölze, die bis unten beastet sind, dann fällt das Klettern leichter. Grundsätzlich kommen für das Baumhaus und den Kletterbaum Pappeln oder Robinien nicht in Frage. Ihre Zweige und Äste brechen leicht!
In einem Garten ohne großen Baum lässt sich ein Kinderhaus auf Stelzen bauen. Dafür braucht man eine tragfähige Balkenkonstruktion und, je nach Größe des Hauses, sogar ein Betonfundament.
Als Alternative zum Baum bietet sich ein Klettergerüst mit Sprossenleiter, Kletterspinne und Schwingseil an. Das Klettergerüst lässt sich beliebig erweitern, mit einem kleinen Haus, mit einer Hängebrücke oder Rutsche, die den sportlichen Ehrgeiz und Mut der Kinder fördern. Wenn keiner mehr

Max und seine Freunde klettern auf einer mehrstämmig gewachsenen, einige Jahre alten Birke.

Die Pergola wurde so geplant, dass sie anfangs den Kleinen als Klettergerüst dient (oben), später, wenn die Kinder groß sind, als gemütlicher Sitzplatz (unten).

Es muss ja nicht immer ein Weidenzelt sein. Diese schöne Hütte sieht lustig aus, und das Dach schützt sogar vor Regen.

WAS MAN BRAUCHT

Weidentipi Zeitbedarf: 1/2 Tag	Weidentunnel Zeitbedarf: 1 Tag
Für ein 2 m breites Tipi sind 15 bis 20 Weidenruten nötig. Sie sollten 2-3 cm dick und 2-4 m lang sein. Für die Seitenwände sollten Sie ca. 50 einjährige Weidenruten haben. Außerdem feste Kokosschnüre.	10 Setzstangen reichen für einen laufenden Meter. Sie sollten 2-4 cm dick und 3-4 m lang sein. Je länger sie sind, umso breiter und höher kann der Tunnel werden. Dazu braucht man noch feste Schnüre.

daran klettern möchte, pflanzt man Ramblerrosen, Kiwipflanzen oder Weinreben an die »Pergola«. Ihre Blätter schattieren später den Sitzplatz darunter, die Rosenblüten sehen schön aus, Weintrauben und Kiwi erfreuen im Herbst die ganze Familie.

Aus Weiden geflochten

Ob Tipi, Hütte oder Tunnel - aus Weiden lassen sich leicht Natur-Häuschen für Kinder bauen. Wer auf dem Land lebt, sollte beim nächsten Bauern fragen, ob er auf den Feldern Weiden schneiden darf.

Geschnitten wird im Winter oder sehr früh im Frühjahr, dann treiben die Ruten später auch sicher aus. Wer diese Chance nicht hat, kann Weidenruten bestellen. Es gibt Versandfirmen, die komplette Bausätze für Tipis und Tunnels verkaufen (Adressen siehe S. 116).

Wie viele Weidenruten man braucht, richtet sich nach der Größe des Bauwerks. Gesteckt werden die Ruten im Mindestabstand von 20 cm.

Sobald die Weiden da sind, bringt man sie in einen Bottich mit Wasser, damit sie schön frisch bleiben. Gemeinsam mit den Kindern geht es dann ans Werk. Der beste Platz für solch ein Bauwerk ist sonnig und auf eher lehmigem Boden, damit die Weiden stets genug Wasser bekommen. Schattige Ecken eignen sich nicht, dort treiben die Weiden nicht genügend Blätter.

Am besten legt man mit dem Gartenschlauch erst einmal die Form fest - für Tipis kreisrund, wobei man an den Eingang denken muss und dafür eine Lücke lässt. Wächst an der Stelle Rasen, muss man diesen zuerst mit dem Halbmondspaten abstechen und dann mit dem Spaten abschälen. Mit den Soden können Sie schadhaften Rasen an anderer Stelle ausbessern. Legen Sie eine große Folie zurecht, auf der Sie den Aushub zwischenlagern können. Das schont den Rasen. Nun hebt man mit dem Spaten einen ca. 30 cm tiefen und 10 cm breiten Graben aus und vermischt die Erde mit Kompost. Bevor die Zweige in den Graben gesteckt werden, spitzt man sie unten schräg an. Füllen Sie jetzt den Graben halb voll mit dem Erd-Kompost-Gemisch und wässern die Weiden kräftig. Das Einschlämmen ist sehr wichtig für ein gutes Anwachsen. Erst dann schaufelt man die restliche Erde hinein und tritt mit den Füßen alles gut fest. Zum Schluss werden die Zweige oben zusammen gebunden.

Ob »Ich krieg Dich« oder »Erster!« – ein Weidentunnel regt Kinder zu immer wieder neuen fröhlichen Spiel-Ideen an.

Verstecken

Das gleiche Prinzip gilt auch für den Weidentunnel, nur dass man jeweils die oberen Enden der gegenüberliegenden Stangen miteinander verflicht und mit Sisal- oder Kokosstrick verbindet. Die Seiten kann man mit restlichen Weidenruten stabilisieren; die Ruten werden dazu waagerecht verflochten.

Reizvolle Verstecke

Es können gar nicht genug Verstecke im Garten sein. Zu gern spielen fast alle Kinder »Siehst Du mich?« oder »Eckstein, Eckstein, alles muss versteckt sein!« Ist genügend Platz im Garten, kann man mit den Kindern eine kleine Mulde graben. An dieser Stelle kann später, wenn die Kinder groß sind, der Gartenteich angelegt werden. Bis dahin aber dürfen die Kinder darin spielen, buddeln und bauen, eine kleine Burg errichten, mit einer Plane eine Rutsche improvisieren und vielleicht auch an einem Mast die »Ich bin da«-Flagge hissen. Kleinere Kinder erschreckt eine große Mulde, es könnte sie beängstigen. Sie verstecken sich lieber in einem kleinen kuscheligen Nest.

Ein Nest in der Blumenwiese

Bezaubernd ist die Idee, einen Teil der Rasenfläche als Blumenwiese anzulegen und darin ein Rasennest für seine Kleinen zu gestalten. Umgeben von hohen Margeriten und Wildblumen aller Art fühlt sich jedes Kind wunderbar beschützt und zugleich mitten in der Natur. Ein gemähter Weg in der Wiese ist stets eine Augenweide. So gewinnt der Garten an Reiz, und die Kinder haben ihre Freude.
Für eine Blumenwiese darf der Boden nicht nährstoffhaltig sein. Man hört deshalb bereits ein Jahr vorher mit dem Düngen auf und mischt unter lehmige Böden Sand oder Kies.
Am einfachsten ist es, die Blumenwiese auszusäen. Im Handel findet

Umgeben von Margeriten, Lichtnelken und Hahnenfuß fühlen sich nicht nur kleine Blumenkinder so richtig wohl.

man verschiedene Saatgutmischungen aus Gräsern und Wildkräutern. Achten Sie darauf, dass der Anteil an Gräsern gering und die Blumenvielfalt hoch ist. Dann blühen Teufelskralle, Wiesen-Schaumkraut, Gold-Hahnenfuß, orangerotes Habichtskraut mit den beliebten Margeriten, Zaun-Wicken und Wiesen-Platterbsen kunterbunt um die Wette.
Für das Rasennest wird bei der Anlage der Blumenwiese eine ovale oder kreisrunde Fläche in der Blumenwiese mit trittfestem Rasen angelegt. Mit Rollrasen geht das schnell. Der Weg zum Nest in der Blumenwiese sollte so breit wie der Rasenmäher sein. Blumenwiesen mäht man nur ein- bis zweimal im Jahr, zum Johannitag am 24.6. und eventuell noch einmal im Herbst oder nur zum Ende der Saison. Wichtig ist, das Schnittgut immer gründlich abzurechen.
Sehr dekorativ sehen in einer solchen Blumenwiese auch Zwiebelblumen aus. Doch Vorsicht: Viele sind giftig! Das gilt für Herbstzeitlose, Maiglöckchen, Schneeglöckchen, Krokusse und Narzissen. Bei der Anlage eines Blumennests für die ganz Kleinen verzichtet man daher auf diese Frühlingsblüher in der Wiese.
Aber auch ohne Blumennest kann man den Rasen zeitweilig für Kinder fröhlich gestalten. Mähen Sie lustige Muster, etwa ein Labyrinth oder eine Spirale, oder gar einen Parcour für das Eierlaufen und Wettrennen bei der nächsten Kinderparty.
Oder Sie legen einen Kräuterpfad an, den die Kinder barfuß gehen dürfen und dabei die duftenden Polster aus Thymian oder Teppichkamille mit den Füßen befühlen.

Ob sie gerade Ameisen beobachtet oder kleinen Elfen beim Tanzen zusieht – es bleibt ihr süßes Geheimnis im Gras.

Kinder

Ein Bauwagen: Der Kindertraum

»Eis, Eis, Eis - köstliches Vanilleeis« schallt es laut durch den Garten. Paula ruft ihre Geschwister und Freunde zu ihrem kleinen Reich: einem hellblauen Bauwagen mit roten Fenstern, Blümchen-Vorhängen und regenfestem Dach. Das Ofenrohr ist zwar nur Attrappe, aber es gehört einfach zu einem Bauwagen.

Die Kinder sind begeistert. Liebevolle Details in fröhlich-bunten Farben lassen ihre Herzen höher schlagen. Paula hat die roten Treppenstufen vor die Tür gestellt, falls einer der Gäste beim Eiskugelmachen helfen will.

Auch Eltern freuen sich über diese Alternative zu einem Kinderhaus. Im Vergleich zu einem festen Gartenhäuschen kann man den Wagen an der Deichsel nehmen und dank der Luftreifen über den Rasen schieben. So kann er immer dort stehen, wo man die Kinder im Blick hat. Außerdem braucht man für den Bauwagen kein Fundament oder gar eine Baugenehmigung.

Wer will, kann ihn wieder verkaufen, wenn die Kinder älter sind. Oder aber als Lager für die Gartengeräte nützen.

haus

Details für's Spiel

Die Rückseite der Fensterläden wurden mit Tafellack bestrichen und so für andere Zwecke nützlich gemacht. Je nachdem was gerade gespielt wird, ob Kaufmannsladen oder Eisdiele, schreiben die Kinder mit Kreide an die Tafel, was gebraucht wird, was es heute zu kaufen gibt, welches Eis heute köstlich schmeckt oder tolle Sonderangebote.
Viele Kinder kennen auch die Häschenschule - ein Klassenzimmer im Freien. Draußen an der frischen Luft machen die Hausaufgaben so richtig Spaß. Wer will da nicht seine Schulkameraden einladen und Rechenaufgaben an der Tafel üben. Die Lehrer werden am nächsten Tag in der Schule über die Lernfortschritte staunen.

Eisdiele à la Florina

Der Fensterladen ist aufgeklappt zugleich auch ein Tresen, auf dem man wunderbar die schönsten Dinge zur Schau stellen kann. Er wird an beiden Seiten von Gurten in der Waagerechten gehalten. So ist er wunderbar geeignet für das beliebte Kaufladen-Spiel, bei dem Obst oder Süßigkeiten verkauft werden. Oder es wird an heißen Sommertagen eine Eisdiele daraus.
Auf der anderen Seite des Bauwagens hat das Fenster seitlich nach außen klappbare Läden und einen Blumenkasten vor dem Fenster. Darin können die Bauwagen-Freunde Schokoladenblumen pflanzen und genießen. Die liebevollen Details eröffnen für die Kinder ein zauberhaftes Reich.

Möbel & Vorhänge

So süß und bunt wie eine Puppenstube sieht der Bauwagen von innen aus. Die roten Fensterrahmen und einfachen Möbel leuchten stark, und durch die blumigen Vorhänge fällt das Sonnenlicht. Braucht die Rasselbande mal mehr Platz im Innenraum, kann man mit Hilfe von Scharnieren den Tischfuß leicht seitlich wegdrehen und dann die Tischplatte nach unten klappen. Die Stühle sind umgedreht wunderbare Kisten zum Aufbewahren der Spielsachen.
Der Fußboden wurde mit einem strapazierfähigen PVC-Boden ausgelegt. Das regenfeste Dach sorgt dafür, dass die Einrichtung nicht nass wird und die Kinder auch mal bei Schmuddelwetter darin spielen können.

Gärtne

Mit Kindern durch das Gartenjahr – ein sinnliches Vergnügen

Gärtnern mit Kindern bedeutet gemeinsam säen, pflanzen, pflegen und ernten. Für die Kinder eröffnet sich dabei eine völlig neue Welt. Das Staunen ist groß, wenn sie das erste Mal ein Samenkorn beim Keimen beobachten und sehen, welche Power in dem Winzling steckt.

Doch es passiert noch viel mehr. Der enge Kontakt mit dem Boden, der Geruch von Erde macht Kinder glücklich und lässt sie eintauchen in die Mutter Natur. Hier dürfen sie anfassen, streicheln und ein wenig quetschen, kneten, matschen und formen, riechen und sogar schmecken – Kinder stecken bekanntlich am liebsten alles erstmal in den Mund. Das sinnliche Entdecken des Gartens hört bei süßen Erdbeeren nicht auf, auch Gartenboden müssen die Zwerge einmal gekostet haben. Aber keine Panik – das knirscht so zwischen den Zähnen, dass sie die Erde sofort wieder ausspucken. Während die Eltern im Frühling den Boden umgraben, tasten die Kinder mit den Füßen, was in ihm steckt, balancieren mit den Zehen Regenwürmer und genießen die Frische der Erde. Schuhe und Socken aus und rein ins Vergnügen, barfuß in Matsch und Moder – ein sinnliches Erlebnis, auf das die meisten Kinder Lust haben. Und was ihnen nach Expertenmeinung auch sehr gut tut für die Entwicklung ihrer Persönlichkeit.

Der Garten bietet so viel, was die Sinne der Kinder öffnet. Einem wahren Sinnesrausch erliegen die Naturforscher, wenn sie ihrer Nase nachgehen und süßen Düften folgen, etwa dem lieblichen Veilchenduft, der honigsüßen Fährte des Flieders oder dem Geruch des Holunders, dessen Blütendolden als »Holler-Küchle« köstlich munden. Der Garten verwöhnt die Kinder täglich mit Top-Genüssen. Was für ein Gaumenschmaus sind doch die ersten sonnenwarmen Erdbeeren im Mai, kaum ein Kind kann da widerstehen.

Jedem seine grüne Ecke

Zwar freuen sich die meisten Eltern über ihre Zwerge, wenn sie bei der Gartenarbeit helfen wollen. Doch meist währt diese Freude nur kurz. Spätestens bei den ersten Blüten, die der Kinderschere zum Opfer fallen, liegen die Nerven blank, und die kleinen Heinzelmännchen blicken völlig ratlos drein – sie wollten dem Papa doch nur helfen. Reservieren Sie den Grünfingern – je nachdem, wie alt sie sind – ein eigenes Kinderbeet oder eine Ecke mit großen Töpfen, in denen sie säen und pflanzen dürfen, schnibbeln und naschen, wann immer sie wollen.

So ersparen Sie allen in der Familie das lästige Maßregeln wie »In den Gemüsegarten dürft Ihr doch nicht rein!« oder »Lasst die Beeren in Ruhe!«. Stattdessen bereiten Sie Ihren Kindern den Weg für erste Erfolgserlebnisse. Groß ist der Stolz, wenn sie im Herbst ihren ersten Riesenkürbis der Familie präsentieren oder die Freunde völlig betört an ihrer Schokoladenblume schnuppern dürfen.

rn

Goldgelber Hahnenfuß läutet auf den Wiesen den Frühling ein und verlockt die Kinder, erste Blumen zu pflücken.

Frühlingserwachen im Familiengarten

Wenn die Februarsonne langsam an Kraft gewinnt, kribbelt es in den Fingern der großen und in den Füßen der kleinen Gärtner. Raus, nichts wie raus in den Garten! Neugierig, was sich denn draußen schon alles tut, treibt es die Stubenhocker in den Garten. Bereits Ende Januar spitzen dort die grünen Zipfel von Krokus, Narzisse und Schneeglöckchen heraus. Gehen Sie auf die Suche nach den ersten Frühaufstehern.
Mit Kinderaugen entdeckt man sie schnell, zwischen vergammeltem Herbstlaub, vielleicht auch unter der aufbrechenden Schneedecke – überall dort, wo die Sonne den Boden wärmt, schieben die Frühlingsboten ihre grünen Blattspitzen nach oben. Manchmal drängeln sich die kleinen Zwiebelblumen aus dem Beet heraus auf den Rasenweg, dicht an die Wege heran und leben damit in der Gefahr, zertreten zu werden.

Namensschilder für Vorwitzige

Basteln Sie mit Ihren Kindern kleine Schilder oder Fähnchen, auf denen die Kleinen dann die Blumen malen oder ihre Namen schreiben – damit markiert man die Vorwitzigen und schützt sie so vor harten Tritten.
Man kann aber auch ein kleines Quiz machen. Zeigen Sie Ihren Kindern die Blattzipfel der Krokusse, Narzissen und Schneeglöckchen. Und in der zweiten Runde raten die Kinder dann, was welche Blume ist und stellen dort ihre selbst gebastelten Schilder auf. Im Frühling, wenn die Zwiebelblumen blühen, wird das Quiz beim ersten großen Frühlingsfest aufgelöst.

Jetzt den Frühling einfangen

Wer im Herbst keine Blumenzwiebeln in den Boden gelegt hat, der braucht nun mit seinen Kindern nicht auf die Frühlingsboten zu verzichten.
Bereits ab Februar bieten Gärtner blühende Pflanzen an: gelbe, kleinblütige Narzissen und Winterlinge, bunte Stiefmütterchen und fröhliche Primeln. Sobald der Boden nicht mehr steinhart gefroren ist, können Sie mit den Kindern ein erstes kleines Frühlingsbeet anlegen oder große Töpfe bepflanzen und diese rund um die Terrasse und Haustüre aufstellen. Ziehen Sie Ihren Kindern unbedingt Gärtner-Handschuhe an, denn leider sind einige der Frühaufsteher giftig (siehe Seite 20).

Wenn die Knospen sprießen

Auch die Bäume und Sträucher spüren die Frühjahrssonne auf ihrem kahlen Astwerk und strecken langsam ihre Fühler aus. Wer Kindern die schwellenden Knospen zeigt, wird erstaunt sein, wie deren Augen diese

interpretieren. Die langen, spitzen Knospen der Rotbuchen verwandeln sich in Speerspitzen mutiger Ritter, die weichen, grau behaarten Blattknospen der Clematis symbolisieren das Kleid kleiner Elfen und werden liebevoll gestreichelt, mit den silbrigweißen, pelzigen Kätzchen der Weide streichen sich die Kinder genüsslich über die Wange, als ob sie mit ihrem Lieblings-Teddy schmusen würden. Und die großen, klebrig-glänzenden Blattknospen der Kastanien ziehen sie magisch an.
Wenn im eigenen Garten nicht genug Gehölze wachsen, gehen Sie hinaus in den Wald. Bei einer Frühlingswanderung findet man viele Zweige und Äste. Zuhause in die Vase gestellt, öffnen sich die Knospen, und bald sprießen die Blätter. So können die Kinder dem Treiben zuschauen.
Im Wald findet man vielleicht auch ein paar Eicheln oder im Stadtpark ein paar Kastanien aus dem letzten Jahr. Die großen Samen liegen lose auf dem Boden, und kleine weiße Keimfäden durchbrechen die harte Schale. Erlauben Sie Ihren Kindern das Sammeln -, damit könnte zuhause schon das Gärtnern beginnen. Man legt die gekeimten Samen in einen Blumentopf und bedeckt sie mit Erde. Sprühen Sie regelmäßig Wasser auf

Sehr früh künden Sie vom Frühling: Elfen-Krokus und Winterling. Doch, Vorsicht: Beide Zwiebelblumen sind giftig!

Aussaat-

die Kinderstube, dann sprießen bald die ersten Blätter. Später, Mitte Mai, pflanzt man den Baumsämling dann in das Kinderbeet oder, da diese Bäume ja für Hausgärten zu groß werden, wieder in den Wald.

Mit Bohnen kann man Kindern auch zeigen, wie Sämlinge ihre Schale sprengen. Dazu legt man die Bohnen auf feuchte Watte in eine Schale und sorgt dafür, dass die Watte immer feucht bleibt. Die Bohne schiebt zuerst weiße Wurzeln und versucht Fuß zu fassen, dann erst sprengt sie mit dem Keimling die ganze Bohne entzwei. Ein Schauspiel der Natur, das Kinder fasziniert und in den Bann zieht.

Aussaat - und das Gärtnern beginnt

Vorfreude ist die schönste Freude, und ab Februar hält es keinen Gärtner mehr gemütlich im Sessel. Die Lust auf frisches Grün und bunte Blumen, auf Säen, Pütschern und Buddeln treibt ihn in die Gartencenter, an die Regale mit den Samentüten. Bunte Blumenbilder verführen junge wie ältere Gärtner. Das Auswählen macht

Radieschen säen, an einer Saatschnur direkt ins Beet - das fordert die volle Aufmerksamkeit der Kinder.

Spaß

Als Erstes sammelt man die Steine vom Beet und entfernt alle Wurzelunkräuter wie Giersch und Quecke aus dem Beet.

Spaß und weckt die Fantasie. Zuhause angekommen, studieren Sie mit Ihren Kindern erstmal die Rückseiten der Tütchen. Dort steht, wann man die Blumen aussäen soll, ob sie es lieber sonnig oder schattig mögen und wann und wie man sie düngt.

Der richtige Zeitpunkt

Warten Sie mit der Aussaat ins Beet, bis der Boden von der Sonne genug erwärmt wurde. In kalter, nasser Erde keimen die Samen nicht, sie können sogar verfaulen. Wenn die Kinder zu lange warten müssen, bis die ersten Keimlinge zu sehen sind, können sie das Interesse an dem schlummernden Samenkorn verlieren. Ende April fällt der Startschuss für Ringelblumen und Kapuzinerkresse. Dagegen können Sie im Gemüsebeet viel früher beginnen. Das Saatgut von Radieschen, Schnitt- und Kopfsalat darf schon im März ins Beet. Ziehen Sie für die Saat eine Furche. Sind Frostnächte gemeldet, deckt man mit den Kindern die Jungpflanzen am Abend mit einem Gartenvlies ab.

Pflanzen-Kinderstube

Bereits im Februar oder März kann man auf der warmen Fensterbank oder im Mini-Gewächshaus anfangen, Wärme liebende Sommerblumen wie Studentenblumen, Feuerbohnen oder Zinnien vorzuziehen. Solange es draußen im Garten noch ruhig ist,

Kinder

Manege frei für den Blütenspaß

Lustige Blütengesichter wie die der Stiefmütterchen, zottelige orangerote Wuschelköpfe, die an den frechen Pumuckel erinnern oder samtweiche Löwenmäulchen, die man sich selbst oder anderen Kindern auf die Nase setzen kann – Blüten mit starken Farben oder lustigen Formen regen die Fantasie für viele Blütenspiele an. Damit auch schon das Aussäen den Kindern Spaß macht, sollte man Arten wählen, deren Samen groß genug sind, dass sie auch von Kinderhand leicht zu säen sind und deren Saat schnell und sicher keimt. Tut sich lange Zeit nichts, nachdem das Samenkorn in die Erde gelegt wurde, verlieren die kleinen Gärtner oft das Interesse daran.

Aussaat- und Blütenspaß garantieren Kapuzinerkresse, Ringelblume, Duftwicke, Kosmee und Feuerbohne.

Sie entwickeln sich in kurzer Zeit. Wer täglich in seinem Beet nach dem Rechten schaut, kann Witziges beobachten. Ringelblumen zum Beispiel schieben sich mit ihrer Samenhülle nach oben. Das sieht aus, als hätten sie ein Hütchen auf den Keimblättern.

leicht

◄ ***Kapuzinerkresse*** *(Tropaeolum-Hybriden)* Ob als puschelige Kissen oder flinker Schlinger – die feurige Mexikanerin begeistert den ganzen Sommer mit ständig neuen Blüten. Sie leuchten je nach Sorte scharlachrot, cremegelb oder weinrot. Ihren Namen bekam die Kletterpflanze wegen der gespornten Blüten, die an Mönchskapuzen erinnern. Blüten und Blätter sind essbar, aber kressescharf.

▼ ***Ringelbume*** *(Calendula officinalis)* Als ob lauter kleine Sonnen im Beet strahlen würden, so intensiv ist die orangerote Farbe der genügsamen Sommerblume. Sie darf in keinem Kinderbeet fehlen, denn die robuste Heilpflanze ist völlig pflegeleicht und erobert den Garten ganz von alleine. Sammeln Sie mit Ihren Kindern im Herbst reife Samen. Diese keimen im nächsten Frühjahr ganz bestimmt.

▲ ***Sonnenblume*** *(Helianthus annuus)* Lieblingsblume vieler Kinder. Sät man sie im Mai ins Beet – am besten an einen Zaun –, dann wachsen sie mannshoch und blühen bald.

◄ ***Jungfer im Grünen*** *(Nigella damascena)* Wunderschön und doch völlig anspruchslos, schmückt sie mit filigranen Blüten und später wunderschönen Samenkapseln das Beet.

► ***Feuerbohne*** *(Phaseolus coccineus)* Sie liebt es warm und mag nährstoffreichen Boden. Für Kinder spannend ist das Vorkeimen. Dazu legt man die Bohnen in einen Untersetzer auf Küchenpapier und hält sie bei 12 °C ständig feucht. Sobald sie keimen, legt man je 2 Samen 5 cm tief in den Gartenboden. Oder Sie säen in Jiffy-Töpfe und pflanzen die Setzlinge nach den Eisheiligen aus.

Kinderbeet

werden die Kinder die Aufmerksamkeit haben und täglich ihre Pflanzenkinderstube beobachten. Zu sehen, was sich aus den winzig kleinen Samenkörnern entwickelt, fasziniert und begeistert sie.

Und so geht's

Sie brauchen Anzuchterde, Aussaatschalen oder Jiffytöpfe, ein Brettchen zum Andrücken der Erde, ein Sieb und eine Wachsdecke, die den Tisch beim Krümeln und Pütschern schützt. Zuerst füllen die Kinder die Schalen, Töpfe oder Kisten mit Aussaaterde randvoll. Dann pressen sie mit den Brettchen die Erde fest zusammen. Jetzt dürfen die Kleinen die Saattüten öffnen, aber Vorsicht! Teilweise sind die Samen winzig klein und sehr »lebendig«. So mancher Samen springt beim Tütenaufreißen in hohem Bogen davon.
Nun wird gesät. Die Samen werden dünn auf die Erde gestreut. Danach siebt man eine dünne Schicht Erde darüber. Wichtig: Die Samen brauchen Wasser zum Quellen und Keimen. Deshalb sprüht man am Schluss so viel Wasser auf die Erde, bis diese gleichmäßig benetzt ist.
Je nach Licht und Temperatur keimen die Samen schon nach einer Woche. Sobald man beide Keimblätter sieht, sind die Pflänzchen groß genug, um in kleine Töpfe mit Blumenerde gesetzt zu werden. Verwenden Sie zum Pikieren unbedingt ein Pikierholz, mit dem Sie die Erde rund um die zarten Wurzeln lockern und anheben, sonst reißt man die Wurzeln ab. Der Sämling wäre damit verloren. Erst wenn die Töpfe durchwurzelt sind und keine Fröste mehr zu erwarten sind, also nach den Eisheiligen, dürfen sie in den Garten gepflanzt werden.

Mein erstes Beet

Im eigenen Beet können Kinder selbst entscheiden, was sprießt, wächst und keimt, welche Farben dominieren und welche Früchte im Sommer zum Naschen verführen. Es darf nicht zu groß sein, damit die Pflege der Pflanzen die Kinder nicht überfordert und ihnen die Freude am Gärteln verdirbt. Geschwister können sich ein großes Beet teilen. Damit es keinen Streit gibt, teilt man die Fläche in gleich große Stücke ein. Ist das Beet rechteckig, dann kann man daraus ein Schachbrett mit kleinen Quadraten gestalten, wobei sich Beet und Weg jeweils abwechseln. Lustig sieht es aus, wenn man die unbepflanzten Quadrate mit weißen Kieselsteinen, Muscheln oder Rindenmulch bedeckt. Ist das Beet kreisrund, lässt es sich in einzelne Tortenstücke unterteilen. Kleine Fähnchen mit Kindernamen markieren die einzelnen »Reviere«. Wählen Sie für das Beet einen möglichst sonnigen Platz. Dort entwickeln sich Blumen und Gemüse so gut, dass die Kinder Erfolgserlebnisse haben.

Namens-Fähnchen basteln

Für den Überblick, wer an welcher Stelle gärtnern darf und wo welche Blumensaat im Boden ist, kann man schon im Vorfeld Etiketten aus alten Tonscherben basteln. Oder die Kinder

Für viele Grünfinger ist ein kreisrundes Kinderbeet ideal. Man kann es in beliebig viele »Tortenstücke« aufteilen.

BEN
TOM
EVA
TONI

Kinder lieben es, aus dem Vollen zu schöpfen. Eine Kiste voller würziger Kräuter ist für sie ein Riesenspaß.

sammeln schon mal Stöckchen, auf die sie dann später die Samentüten spießen und damit die jeweiligen Saatreihen markieren.

Die Basis: der Gartenboden

Nachdem Lage und Form für das Kinderbeet festgelegt wurden, überprüft man zunächst den Boden an dieser Stelle. Die Grundlage für üppiges Wachstum und gesunde Pflanzen ist ein lockerer, humus- und nährstoffreicher Boden.

Fingertest oder Schlämmprobe

Beziehen Sie die Kinder beim Buddeln mit ein. Matsch und Modder lieben sie, vor allem kleine Kinder fühlen sich mit den nackten Füßen oder Händen in der Erde richtig wohl. Wie fühlt sich der Boden an? Welche Bodentypen gibt es und was bedeutet das für das Kinderbeet? Ermuntern Sie Ihre Kinder, die Erde zu erspüren. Eine Hand voll sandige Erde rieselt durch die Finger, dagegen klebt der lehmige Boden an den Händen, je nachdem wie hoch der Tonanteil ist. Sandig-lehmiger Schluff knirscht auf der Haut, wie ein Peeling. Mit dem Fingertest kann man den Boden bestimmen. Dazu nimmt man eine Hand voll Erde und versucht, daraus mit Zeigefinger und Daumen eine Wurst zu formen. Bei lehmiger Erde geht das kinderleicht, je sandiger der Boden, umso bröseliger ist er.

Eine andere, kindgerechte Methode ist die Schlämmprobe. Dazu graben die Kinder ein 25 cm tiefes Loch, schaufeln Erde in einen Eimer und mischen sie durch. Eine Schaufel davon gibt man in ein großes Glas, füllt es mit Leitungswasser auf und rührt mit dem Stock um. Humusteilchen sind leicht und schwimmen oben auf dem Wasser, sie sinken erst nach Tagen auf den Grund. Dagegen setzt sich Sand nach wenigen Minuten ab, Lehm- und Tonteilchen nach ein paar Stunden.

Den Gartenboden verbessern

Was bedeuten die Ergebnisse für das Gärtnern? Sandige Böden erwärmen sich zwar im Frühjahr schnell, doch haben sie wenig Reserven für Wasser und Nährstoffe. Man müsste ständig gießen und düngen. Daher verbessert man sie mit lehmiger Erde, reichlich Kompost oder organischen Düngern. Tonige Böden dagegen bleiben im Frühjahr lange nass und kalt, halten im Sommer aber längere Zeit Wasser in ihren Tonschichten und bevorraten Nährstoffe für die Pflanzen. Allerdings neigen sie eher zu Staunässe, Pfützen bleiben im Beet stehen. Bei Regen verklebt Ton zu Klumpen und wenn Tonböden austrocknen, werden sie hart wie Beton. Daher mischt man tiefgründig Sand und Humus unter diese Böden. Findet man viele Steine in der Erde, sollte man zumindest die großen sammeln. Mit den Findlingen können die Kinder eine Steinburg bauen oder das neues Kinderbeet einfassen.

Tiefgründig graben und lockern

Wie aufwendig das Vorbereiten des Bodens ist, hängt auch davon ab, wo Sie das Kinderbeet anlegen. Wenn eine kleine Ecke im Gemüsegarten für das Kinderbeet frei bleibt, dann ist der Boden meist optimal vorbereitet. Denn dort wurde er über die Jahre hinweg gelockert, von Unkraut befreit und mit Kompost gedüngt.
Soll das Beet aber dort angelegt werden, wo bisher Rasen wuchs, dann muss die Grasnarbe abgeschält und die Erde tiefgründig gelockert werden. Der Boden ist unter dem Rasen durch die häufigen Tritte stark verdichtet, große Pfützen wären die Folge. Soll das Kinderbeet an eine Stelle, an der zuvor nur Unkraut und Wildwuchs herrschte, dann muss man sämtliche Unkräuter samt Wurzeln entfernen, vor allem Giersch und Quecke. Säen Sie dann Gründüngerpflanzen wie Phacelia, Lupinen oder Studentenblumen. Ihre Samen keimen schnell, und rasch gleicht das Beet einem dichten Blütenteppich. Sie verbessern den Boden damit, Lupinen reichern ihn sogar mit Stickstoff an. Nach der Blüte räumen Sie das Grünzeug ab oder arbeiten es oberflächlich in den Boden ein.

Ein Kompost voller Heinzelmännchen

Das Reich der Regenwürmer, Asseln und Millionen winzig kleiner Tierchen, Bakterien und Pilze gilt als Goldquelle unter den Gärtnern. Hier entsteht Nachschub an kostbarem Humus.

Spaß für alle: ein Hochbeet. Mit rotem Farbanstrich und leckerem Gemüse wird es zum Treffpunkt für die ganze Familie.

Pflanzenpf

Thermokomposter sind effektiver als die offene Kompostmiete. Es verblüfft immer wieder, welche Mengen an organischem Abfall darin verschwinden und sich in kurzer Zeit in wertvollen Humus verwandeln. Nehmen Sie den Kompost zusammen mit den Kindern unter die Lupe. So begreifen sie den Kreislauf der Natur und befingern Regenwürmer voller Neugier. Das sind also die Macher im Gartenboden! Reifer Kompost enthält neben Humus auch jede Menge Nährstoffe. Für einen Quadratmeter Gemüsebeet reichen 3 l Kompost aus. Das ist eine etwa 3 cm hohe Schicht, bei sandigen Böden braucht man dafür 5 l. Arbeiten Sie den Kompost im Frühjahr in die obersten 10 cm ein, bei Sandböden 20 cm tief.

Gießkannen für Kinder sollten klein sein, damit sie wassergefüllt nicht zu schwer werden für die Garten-Kids.

lege

Jäten, Mulchen, Düngen

Überall dort, wo der Boden nackt ist, sprießt das Unkraut. Entweder man zeigt den Kindern, wie sie mit der Hacke das Unkraut lockern und es dann herausziehen. Oder Sie mulchen die Beete mit Stroh, Rindenhäcksel oder was den Kindern einfällt, vielleicht viele kleine Tonscherben oder Grasschnitt. Das hält das Unkraut zurück, regt das Bodenleben an, und die Erde verdunstet weniger Wasser.

Gießen mit Köpfchen

Wenn die Kinder entscheiden dürften, dann würden sie ständig gießen und die Beete unter Wasser setzen. Doch beim Gießen sollten Blätter und Blüten möglichst trocken bleiben. Am besten geht das mit einem Gießgerät, das sind Handbrausen mit einem langen Stiel, die man an den Wasserschlauch anschließt. Für Rasenflächen eignen sich Kreis- und Viereckregner.

An warmen Sommertagen springen Kinder mit größtem Vergnügen durch den Wasserstrahl, hin und her.
Sehr bequem, für Kinder aber weniger spektakulär sind im Boden verlegte Perlschläuche, aus deren Poren das Wasser in den Boden tropft.

Hecken schneidet man erst, wenn die Singvögel nicht mehr darin brüten. Am besten erst im Sommer.

Ab in den

Die Wurzeln in der Erde brauchen Luft zum Atmen. Deshalb wässert man selten, dafür aber stets ausgiebig. Gießen Sie im Sommer möglichst am frühen Morgen. Denn in der Mittagssonne verdunstet zu viel des kostbaren Wassers und die Tropfen wirken wie Brenngläser, die Brandflecken auf dem Laub verursachen.
»Gießen am Morgen bewahrt vor Sorgen.« Diese Gärtnerweisheit zielt darauf ab, dass Schnecken nachtaktiv sind und auf vom abendlichen Gießen feuchten Blättern wunderbar vorwärtskommen. Die Fraßschneise, die sie im Gartenbeet hinterlassen, führt zu großem Ärger und Frust.

Hochbeet oder Topfgarten

Strapazieren Armadas von Schnecken Ihre Gärtnergeduld, hilft das Hochbeet. Anstatt sich täglich zu ärgern, setzt man zarte Salate, süße Erdbeeren und all die Blumen, die auf dem Schnecken-Speisezettel ganz oben stehen, ins Hochbeet. Man kann auch für Kinder ein solches kaufen oder selbst bauen. Damit ersparen Sie Kindern den Schneckenfrust, der zwangsläufig entsteht, wenn kleine Pflänzchen über Nacht bis auf die Stängel abgefressen wurden. Frühmorgens findet man die Schnecken am besten, will man sie absammeln und auf Feldern oder Wiesen aussetzen. Nutzen Sie die Chance und lehren Sie Ihren Kindern, dass alles in der Natur in einem Kreislauf steht.

Zwergenbeet im Blumentopf

Sehr kleine Kinder pochen nicht auf ein eigenes Stück Land. Bei ihnen dreht es sich um das »Mitmachen-Dürfen«. Für dieses Gefühl reicht oft schon ein einziger Blumentopf aus. In ihrem Mini-Topfgarten hat alles Platz,

Voller Eifer sprüht der kleine Gärtner die frisch in Töpfe gepflanzten Setzlinge – damit sie auch ja nicht verdursten.

Topf

Kiesel und Kastanien, Blüten und Lieblingspuppen – die Fantasie der Zwerge ist grenzenlos, Hauptsache, sie dürfen mitmachen beim Gärtnern.

Das Topfgarten-ABC

Pflanzen haben im Topf viel weniger Erde zur Verfügung als im Garten. Deshalb sollte man gute Blumenerde kaufen, die speziell dafür entwickelt wurde. Gartenerde kann man dafür nicht nehmen. Sie sackt zusammen, und die Wurzeln würden ersticken. Blumenerde für Balkon- und Kübelpflanzen bleibt locker, sorgt dafür, dass die Wurzeln im Topf genug Luft bekommen und hält eine gewisse Zeit einen Vorrat an Nährstoffen bereit. Zudem kann sie im Sommer ein Zuviel an Dünger auch gut abpuffern.

Verwenden Sie nur Töpfe mit einem oder mehreren Löchern, damit bei Regen das Wasser gut ablaufen kann und die Wurzeln nicht faulen. Außerdem sorgt eine Drainage aus Blähtonkugeln oder Tonscherben, dass das Loch frei bleibt und nicht verstopft.
In Töpfen, Kästen und Kübeln gedeiht alles, wenn man für genügend Nährstoffe und Wasser sorgt.
Langzeitdünger machen das Düngen sehr bequem. Man mischt sie beim Eintopfen unter die Erde; meist reicht der Vorrat für sechs Monate aus.

Kinder gießen bekanntlich gerne und schleppen mit Freude Gießkannen, wenn diese nicht zu groß sind. Doch wer viele Töpfe und Kübel auf Balkon und Terrasse hat, erleichtert sich die Arbeit mit einer Tropfbewässerung. Die Installation gleicht zwar ein wenig dem Spiel mit dem Fisher-Technik-Baukasten, doch im Team mit den Söhnen macht das Tüfteln Spaß.
Dann wird nach Lust und Laune gesät oder gepflanzt. Fast alles gedeiht im Topf, wenn dieser nur groß genug ist. Mannshohe Sonnenblumen haben nur

Saatbänder machen die Aussaat kinderleicht. Mischungen wie »1001 Nacht« oder »Sommernachtstraum« begeistern.

Bonbon

Süße Düfte aus dem Blumenbeet

»Mmmh, lecker! Die Blume riecht wie Vollmilch-Schokolade!« Noah hält seine Nase so dicht wie möglich an die gelbe Blüte und nimmt einen ganz tiefen Atemzug von der **Schokoladenblume** *(Berlandiera lyrata*, siehe Bild links), gerade so, als ob er im Geiste in eine große Tafel Milka-Schokolade beißen würde. »Und diese duftet so süß wie Gummibärchen, ehrlich,« ruft Bianca aus einer anderen Gartenecke. Sie sitzt mitten in einem Horst aus gelben Blütenköpfchen und reibt diese zwischen den Fingern – es entströmt Gummibärchen-Aroma pur.
So süß wie Kaba duften die großen, gelben Blüten der **Spanischen Schwarzwurzel** *(Scorzonera hispanica)*. Etwas für den Geschmack älterer Schnuppernasen dürfte die »After Eight«-Blume sein, die **Korsische Minze** *(Mentha requienii)*. Kaum zu glauben, was die Natur für zuckersüße Düfte zu bieten hat, mit denen man ein betörendes Kinderbeet anlegen kann. Ein Gartenbeet, das so süß duftet wie eine Bonbontüte – da steckt jedes Kind gerne seine Nase rein, und alle haben einen Riesenspaß.

tüte

◄ ***Schokoladen-Kosmee*** *(Cosmos atrosanguineus)* Aus den dunklen, burgunderroten Blüten strömt ein köstlicher Zartbitter-Duft. An einem sonnigen Platz blüht sie von Juni bis Ende Oktober. Sie wird 60 cm hoch. Man setzt ihre Knollen wie die der Dahlien jedes Jahr nach den Eisheiligen in Töpfe oder ins Beet und holt sie vor den Frösten im Herbst wieder heraus, um sie frostfrei zu lagern.

▼ ***Zitronenmelisse*** *(Melissa officinalis)* Wer mit seinen Händen über die Blättern streift, atmet sofort den intensiven Zitronenduft. Die aus Südeuropa stammende Pflanze ist völlig anspruchslos und wird 80 cm hoch. Allerdings sollte man sie nach der Blüte sofort zurückschneiden, sonst erobert sie mit ihren Sämlingen den ganzen Garten. Melisse aufs Herz gelegt, soll bei Liebeskummer helfen.

▲ ***Minzen*** *(Mentha*-Arten) Je nach Sorte duften die Blätter nach Bananen oder Orangen, nach Kaugummi oder After-Eight-Schokolade.

◄ ***Gummibärchenblume*** *(Cephalophora aromatica)* Die kleine Sommerblume duftet in allen Teilen so süß wie Gummibärchen. Man sät sie im April aus, sie wird 50 cm hoch. Indios färben damit Wolle gelb.

► ***Kaugummipflanze*** *(Chrysanthemum balsamita)* Ihr Blatt riecht so frisch wie Original Wrigley's-Spearmint. An sonnigen Ecken wächst die 60 cm hohe, mehrjährige Pflanze problemlos, ab August öffnet sie kleine, gelbe Blüten. Getrocknet sind die Blätter gut duftende Lesezeichen. Bereits im Mittelalter schätzte man den frischen Duft für Gesangbücher. Sie heißt deshalb auch Marienblatt.

Eine Allee zum Kinderhaus – fürstlich und köstlich zugleich. Dazu eignen sich Stämmchen von Beerensträuchern, unterpflanzt mit Monatserdbeeren.

in großen Töpfen einen festen Stand, sonst kippen sie beim ersten starken Sturm um. Für Kürbis und Zucchini benötigt man große Kübel, um deren großen Hunger und Durst stillen zu können. Außerdem explodieren sie förmlich, ihre meterlangen Triebe sprengen die Dimensionen kleiner Gefäße.

Praktische Helfer

Fürs Pflanzen und Graben, das Jäten und Gießen wollen die Nachwuchsgärtner natürlich auch Gartengeräte haben, die so aussehen wie die der Großen. Es gibt jede Menge originalgetreuer Mini-Spaten, Harken und Gießkannen. Denken Sie auch an die Gartenhandschuhe für Kinder.

Der große Spaß am eigenen Obst

Beerensträucher, Erdbeeren und ein Obstbaum passen in jeden noch so kleinen Hausgarten und verwandeln ihn in ein kleines Paradies für Naschkatzen. Zwischen Liegeplatz und Kinderecke passt ein Spalier aus Himbeeren, den Zaun erobern die köstlichen Stachellosen Brombeeren, und Gartenwege lassen sich prima mit Monatserdbeeren einfassen.
Eine Hecke aus Beerensträuchern schützt vor Wind und vor neugierigen Blicken. Auf saurem Boden gedeihen Kulturheidelbeeren. Die Sträucher wachsen dicht, tragen viele Früchte und färben im Herbst ihr Laub rot.

Spalierobst löst viele Probleme im kleinen Hausgarten. Es braucht kaum Platz, dient wunderbar als Raumgrenze und bietet die Früchte in kindgerechter Pflückhöhe an.
Ein ausgewachsener Obstbaum dient zwar zum Klettern und Anbringen von Schaukel und Kletternetz. Allerdings muss man die Leiter hoch hinauf, will man die Äpfel makellos pflücken. Fragen Sie nach schwach wachsenden Unterlagen wie ‘M 27’ oder ‘M 26’. Apfelsorten, die darauf veredelt sind, bleiben auch im Alter niedrig. Man bekommt sie als Busch, Spindel oder Spalier. Sehr schlank und kindgerecht sind auch Säulenäpfel. Man kann mit den schlanken Bäumchen eine dekorative Allee gestalten, ob zum Kinderhaus oder entlang eines anderen Gartenweges.
Die Kinderecke wird pflegeleichter, wenn die Beete bedeckt sind. Das klappt mit Monatserdbeeren spielend leicht. Sie breiten ihren dichten Laubteppich aus und unterdrücken Giersch und Co. Kinder werden begeistert sein, da sie dort im Sommer nahezu täglich reife, süße Früchte finden.
Je kleiner der Garten, desto mehr gilt es, sich auf die richtige Sorten zu konzentrieren. Vorschläge für Kinder finden Sie ab Seite 52.

»Alles für mich« – der Schalk blitzt der kleinen Blumenfee förmlich aus den Augen. Stolz trägt sie die Kiste voller selbst gesammelter Pflaumen.

Knackiges Obst für Naschkatzen

Süßkirschen verführen fast jedes Schleckermäulchen. Kirschrot gehört zur Lieblingsfarbe fast aller Kinder, und zuckersüßer Kirschsaft hat genau die Süße, die Kinder lieben. Damit keiner die **Kirschen** in Nachbars Garten vernaschen muss, pflanzt man sich am besten einen eigenen Baum. Normale Kirschbäume verlocken zum Klettern, sprengen aber durchschnittliche Hausgärten mit ihren großen Kronen. Fragen Sie in der Baumschule nach klein bleibenden Bäumen, die auf schwach wachsende Unterlagen wie GiSelA 5, Weiroot 158 bzw. Weiroot 72 veredelt wurden.

Kirschsorten gibt es sehr viele. Schon früh, etwa Mitte Juni, reifen 'Burlat', 'Johanna' und 'Celeste'. Der große Vorteil der frühen Sorten: Sie bleiben madenfrei, da sie blühen und reifen, bevor die Kirschfruchtfliege ihre Eier legt. Für Kinder, die ja voller Lust die Kirschen vom Baum in den Mund stecken, eine ideale Sache.

Neben Kirschen verlocken auch **Himbeeren** und **Erdbeeren** zum Mundraub im eigenen Garten. Ungewöhnlich, aber völlig kindgerecht: **Mini-Kiwis**.

obst

◄ ***Himbeeren*** Wählen Sie herbsttragende Sorten wie die roten ‘Polka’ und ‘Autumn Bliss’ oder die gelbe ‘Golden Bliss’. Damit ersparen Sie Ihren Kindern den Frust, »Himbeeren mit Würmern« zu pflücken. Denn die Herbstsorten sind madenfrei! Sie reifen zwar erst ab Anfang August, dafür aber bis Mitte/Ende Oktober. Wichtig: Im Februar muss man alle Triebe bodennah kappen.

▼ ***Stachelbeeren*** Sie gelten zu Unrecht als saure Früchte. Lässt man sie lange genug am Strauch hängen, verwöhnen sie den Gaumen mit weichem Fruchtfleisch und zuckersüßem Saft. Ideal für das Kinderbeet sind stachellose Sorten wie die weinrote ‘Captivator’. Beliebt sind auch weinrote Sorten ‘Remarka’ oder ‘Redeva’. Achten Sie darauf, dass die Sorten als mehltaufest gelten und gesund sind.

▲ ***Mini-Kiwi*** *(Actinidia arguta* ‘Weiki’ oder »Bayern-Kiwi«*)*: Sie sind so groß wie Stachelbeeren, schmecken süß und können frisch gepflückt mit Schale gegessen werden.

◄ ***Erdbeeren*** Wählen Sie mehrmals tragende Sorten wie ‘Mara de Bois’, oder ‘Erdbeerwiese Florika’. Dann gibt es den ganzen Sommer kleine Früchte mit Walderdbeeren-Aroma.

► ***Weiße Johannisbeeren*** Im Gegensatz zu den sauren roten oder herben schwarzen Johannisbeeren munden weiße Sorten auch Kindern. Die ‘Weiße Versailler’ schmeckt süß und aromatisch, noch etwas milder ist ‘Primus’. Das Tolle an den Sorten ist auch, dass sie sehr pflegeleicht sind, kaum Krankheiten bekommen und gut als Hochstämmchen wachsen – ideal als Mini-Allee zur Kinderecke.

LINKS: Max kann seinen ersten Kürbis zwar nicht hochheben, zeigt ihn aber trotzdem voller Stolz den Eltern.

RECHTS: Walnüsse sind erst reif, wenn ihre grüne, fleischige Hülle platzt und die harte Nuss herausfällt.

Herbstzeit ist Erntezeit

Von der Hand in den Mund gepflückt, schmecken Äpfel, Kirschen, rote und blaue Beeren am besten. Aber auch im Nutzgarten verlockt so manches junge Gemüse zum Naschen. Gibt es etwas Besseres als in eine knackige Möhre zu beißen, die man heimlich aus Mutters Beet gezupft und nur einfach an der Hose abgerieben hat? Oder die saftige Petersilie, von der Oma immer sagte, dass sie frisch aus dem Garten »gescheit« macht. Ein üppiger Bauerngarten voller Gemüse und Obst gleicht für ein Kind dem sagenumwobenen Schlaraffenland.

Ob groß oder klein, jeder freut sich über einen riesigen Kürbis genauso wie über knackige Äpfel aus dem eigenen Garten. Groß ist der Stolz bei den jungen und alten Gärtner, wenn im Herbst viele gesunde Früchte auf die Ernte warten.
Laden Sie Freunde ein und feiern Sie ein Erntefest, je nachdem welche Frucht reif ist und geerntet werden kann: Ob Kartoffelparty oder Apfelfest, die Gäste helfen beim Sammeln und feiern zum Abschluss fröhlich mit.

Reifes Obst und Gemüse ohne Ende
Im Gemüsebeet beginnt die Ernte schon sehr früh mit Salaten, Rettich und Radieschen. Auch der Kohlrabi wird schon im Juni aus dem Garten geholt, danach folgen Blumenkohl, Brokkoli, Weißkraut und Wirsing. Ganz zum Schluss erst köpft man das Blaukraut, und nach dem ersten Frost die Strünke des Grünkohls. Je nach regionalem Klima und Sorte verschieben sich die Erntezeiten erheblich. Beim Beerenobst startet das Pflücken im Erdbeerbeet, etwa im Mai. Wenn die letzte Erdbeere abgezupft ist, lockt meist schon die erste reife Himbeere, um Mitte Juni, zum Sommeranfang. Gleichzeitig erröten die frühen roten Johannisbeeren und Stachelbeeren. Schwarze Johannisbeeren lässt man so lange wie möglich am Strauch hängen, damit sie so viel wie möglich Sonne tanken und ihr herbes Aroma milder wird.

Wann ist der richtige Erntezeitpunkt?
Zuckerschoten nimmt man zwischen Zeigefinger und Daumen und fühlt, ob sich schon Mini-Erbsen gebildet haben. Beim Kürbis muss der Stiel anfangen, braun zu werden, Kartoffeln sind erntereif, wenn ihr Laub gelb und trocken wird. Äpfel kippt man um 90°, und wenn sie sich dann wie von selbst samt Stiel vom Ast lösen, sind sie pflückreif.
Für die Haltbarkeit der frischen Ernte muss das Obst und Gemüse wirklich

Erntefreud

reif sein. Nur dann bleiben die wertvollen Inhaltsstoffe gut erhalten. Außerdem sollte man nur an sonnigen Herbsttagen Äpfel pflücken, denn feuchtes Obst darf nicht eingewintert werden. Wurmstichige, verletzte und gedrückte Früchte dürfen nicht ins Winterlager, denn sie stellen einen unkalkulierbaren Fäulnisherd dar. Stattdessen bereitet man aus Fallobst Saft, Marmelade und Kompott.

Vitamine für die Winterzeit
Fällt die Ernte sehr üppig aus, können die Schleckermäuler manchmal nicht alle Beeren, Kirschen, Pfirsiche und Trauben frisch vernaschen. Entweder lässt man die Früchte für die Vögel hängen, oder man bereitet daraus Leckeres in der Küche.

Kinder lieben kleine, rote Äpfel, die schön saftig und knackig sind. Beliebt als Pausenapfel ist die Sorte 'Resi'.

Bei Äpfel und Birnen gibt es Sorten, die auch im Winter gut schmecken, wenn sie in dunklen, 3-5 °C kühlen Räumen gelagert werden.

Der beste Kinderapfel

Greifen Sie nicht zu den bekannten ‘Golden Delicious’ oder ‘Gala’, auch wenn ihre Kinder die Sorten vielleicht aus dem Supermarkt kennen. Schorf, Mehltau und andere Krankheiten schwächen diese Bäume im Garten, die Ernte fällt meist kläglich aus. Auf Wochenmärkten oder bei Obstbauern kann man alte, bewährte sowie neue, widerstandsfähigere Sorten mit den Kindern kosten. Schorfresistente Sorten haben meist einen Namen, der mit »Re« beginnt.

Schon Mitte Juli beginnt die Ernte der Sommeräpfel wie ‘Klarapfel’, ‘James Grieve’ und ‘Jakob Fischer’. Sie sind aber nur kurze Zeit knackig frisch.

Ab Mitte bis Ende September werden Herbstäpfel gepflückt. Sie halten sich im Lager bis Weihnachten. Dazu zählt ‘Resi’, ein kleiner, saftiger, süßer Pausenapfel mit feinem Aroma, und der beliebte ‘Freiherr von Berlepsch’. Auch die schorfresistente ‘Rubinola’ trifft den Geschmack der Kinder, wohl auch weil ihre Apfelschnitze nicht so schnell braun werden.

Erst ab Oktober holt man Winteräpfel vom Baum. Dazu zählt der robuste ‘Pikkolo’, ein idealer Kinderapfel.

Der Herbst ist auch Pflanzzeit

Obstbäume pflanzt man genauso wie alle anderen Gehölze am besten im Herbst. Denn dann ist der Boden noch warm, und die Wurzeln haben genug Zeit bis zum Frost, um Fuß zu fassen. Frostempfindliche Gehölze wie Pfirsich oder Aprikose sollte man aber im Frühjahr pflanzen, denn sonst überstehen sie eventuell den ersten Winter nicht. Außerdem kann man im Herbst auch Stauden setzen. Unbedingt aber müssen Blumenzwiebeln von Tulpen & Co. im Herbst gepflanzt werden.

OBEN: Drehen Sie den Apfel um 90°. Wenn er sich samt Stiel vom Ast löst, dann ist er pflückreif.

UNTEN: Für Bratäpfel ideal sind große süß-säuerliche Äpfel, die man befüllt mit Rosinen, Mandelstiften und Zimt.

Kartoff

Leckere Knollen aus dem Boden

»Die dicksten Kartoffeln hat der dümmste Bauer«, so ein Sprichwort. Gemeint ist damit, dass der Anbau von Kartoffeln kinderleicht ist. Aus einer Hand voll Saatkartoffeln, die man im April mit den »Augen« nach oben doppelt so tief wie sie dick sind in den Boden legt, entwickeln sich bis zum Herbst Dutzende neuer Knollen. Kartoffeln brauchen einen lockeren Boden, der das Wasser gut ableitet. Vor dem Legen düngt man mit einem organischen Volldünger. Sobald die grünen Triebe 20–30 cm hoch sind, werden sie »angehäufelt«, sodass sie zu drei Viertel mit Erde bedeckt sind.

Bunte Knollenvielfalt

Im Prinzip muss man sich entscheiden, ob man schon im Juni Frühkartoffeln ernten will, oder im Oktober die Knollen zum einlagern. Sorten gibt es sehr viele. Mal sind sie gelb, blau oder rot, länglich, oval oder rund und sogar krumm gebogen. Die einen schmecken herb und würzig, die anderen buttrig, cremig oder erdig. Alte Sorten wie das 'Bamberger Hörnchen' sind für den Privatgarten ideal.

elparty

Im Hausgarten gedeihen Kartoffeln in einem sonnigen Beet. Selbst Balkongärtner müssen auf eigene Knollen nicht verzichten, der Anbau gelingt auch in großen Kübeln. Die Ernte fällt dann zwar geringer aus, doch für eine Kartoffelparty reicht das auch.
Wer auf dem Land wohnt, der sollte mit seinen Kindern über die Felder stapfen, nachdem die Bauern die Kartoffeln geerntet haben. Es bleiben dort immer noch einige Knollen auf dem Boden liegen. Das Sammeln macht viel Spaß, alles riecht nach Kartoffeln und modriger Erde.
Vielleicht können Sie ja auch mit dem Landwirt sprechen und auf seinem Feld mit ihm zusammen die dickste Kartoffel küren. Dazu wird das dürre Kartoffelkraut auf einen Haufen zusammen getragen und angezündet.
In dem Lagerfeuer kann man an langen Stöcken Brot oder Kartoffeln rösten. Bequemer und leichter geht es, wenn man die Kartoffeln in Alufolie einwickelt und ganz unten in die Glut schiebt. Nach zwanzig Minuten sind die Kartoffeln köstlich weich.
Doch auch zuhause im Garten macht ein Lagerfeuer viel Spaß. Neben Kartoffeln am Spieß gibt es dann leckere Kartoffelsuppe, die man am Feuer gemeinsam auslöffelt.

Labyri

Lustige Pflanzidee für den Rasen

Sorgen Sie schon im Herbst für ein buntes Frühlingserwachen im ganzen Garten. Denn die Zwiebeln von Tulpen und Krokussen, Winterlingen, Milchstern und Schneeglöckchen steckt man im Herbst in den Boden. Leicht zu merken ist die Regel: Je früher sie blühen, umso früher müssen sie in die Erde. Also Schneeglöckchen und Krokusse schon im September pflanzen, späte Tulpen, die im Mai blühen, kann man auch noch Mitte November setzen.

Eine Blumenspirale zum Spielen
Eine lustige Idee für die Gestaltung der Rasenfläche ist eine Spirale oder sogar ein Labyrinth aus Narzissen. Es wird die Kinder magisch anziehen, ob sie alleine Schritt für Schritt durch die schmalen Wege schreiten oder mit Freunden eine Verfolgungsjagd veranstalten. Entwerfen Sie zuerst mit Ihren Kindern mögliche Muster auf Papier. Es kann auch ein Kreis sein oder ein Herz mit Eingang oder ein kleiner Irrgarten. Dabei merken die Kinder schnell, wie schwer es ist, ein Labyrinth zu zeichnen.

nth

Vom Entwurf in den Garten

Die Spiralenbreite sollte zur Mitte des Labyrinths hin immer dünner werden. Wer einen Irrgarten gestalten will, der pflanzt – streng nach Plan – immer wieder Riegel quer in die Gassen. Übertragen Sie als nächstes den Entwurf maßstabgerecht auf einen Plan. Legen Sie dann zuerst das Muster mit dem Gartenschlauch oder mit Schnüren auf dem Rasen aus (siehe Bild links). Jetzt können Sie zusammen mit den Kindern noch beliebig oft Größe oder Form verändern.
Erst wenn Sie die Form fixiert haben, holen Sie die Zwiebeln dazu. Je nach Größe des Musters braucht man Hunderte davon. Am besten kauft man einen ganzen Sack Blumenzwiebeln am Ende der Saison. Dann räumen Gartencenter ihre Verkaufstische und bieten Blumenzwiebeln viel günstiger an.
Nun legt man die Zwiebeln in das Muster. Setzen Sie die Zwiebeln mit einem Zwiebelpflanzer einzeln entlang der Schnüre. Wer breite Blumenstreifen geplant hat, hebt mit dem Spaten ganze Rasensoden hoch, legt die Zwiebeln dicht an dicht auf den Boden, mit der Spitze nach oben und doppelt so tief wie die Zwiebel dick

ist. Dann kommen die Soden wieder an ihren Platz.
Prinzipiell können die Kinder dabei helfen. Doch für das Zwiebelnsetzen sollten sie Handschuhe tragen, denn die Zwiebeln von Narzissen sind giftig. Gleiches gilt auch für die meisten anderen Blumenzwiebeln, etwa Schneeglöckchen, Hyazinthen, Krokusse und Tulpen.

Spiele

Kinderspiele und Bastelideen vom Frühling bis zum Winter

Kinder spielen, wann und wo immer man sie lässt. Man kann sich dazu kaum eine schönere Spielwiese vorstellen als den eigenen Familiengarten. Dort dürfen sie laut schreien, toben, balgen und raufen, ohne dass wertvolles Porzellan zu Bruch geht. Im Garten der Eltern fühlen sie sich frei und zugleich beschützt. Im Gefühl von Wärme und Sicherheit entwickeln sie den Mut, die eigenen Grenzen auszuloten und zu überschreiten. Spielen ist zugleich Lernen, und wichtiges inneres Wachstum findet dabei statt. Für die Kleinsten ist der Garten das Terrain, auf dem sie ihre ersten Wunder der Natur erleben. Fasziniert staunen sie über Pusteblumen, deren Fallschirmchen leise davonfliegen. Im Sandkasten buddeln und matschen sie mit größtem Vergnügen, und auf dem Rasen schlagen sie ihre ersten Purzelbäume. Ältere toben über den Rasen, klettern die Bäume hoch oder rutschen Hügel hinunter. Sie genießen es, frei zu sein und sie wollen sich regelrecht verausgaben.
Zu jeder Jahreszeit erfüllen Ballspiele sowie alle Varianten des »Fangen & Versteckens« das Bedürfnis, Kräfte und Fertigkeiten untereinander zu messen. Gewinnen und Verlieren muss aber nicht immer im Vordergrund stehen, wenngleich es eine große Hilfe ist, die damit verbundenen Gefühle von Siegesfreude, Wut und Enttäuschung im Kreise der Familie kennen zu lernen. Doch stellen Sie nicht zu viele Regeln auf. Das freie Spiel im Garten ohne äußeren Einfluss fördert die gesunde Entwicklung des Kindes. Beim Toben, Tollen und Rennen trainieren Kinder ihren Körper und sind so manch Älteren in Fitness und Ausdauer überlegen. Ihre Spiele erfordern Schnelligkeit und Geschicklichkeit sowie die Kooperation mit anderen.

Ob laut oder leise – auf den Spaß kommt es an

Neben dem aktiven Spiel lieben sie aber auch gemeinsames Basteln oder Erzählen von Geschichten. Wo gedeiht die Fantasie besser als in einer selbst gebauten Höhle, in der Äste knacken und Blätter rascheln und vielleicht ein Igel schnauft? Der Garten bietet viel Freiraum für die Kinder, um in ihre eigene kleine Welt einzutauchen. Blüten pressen, Mobile bauen, Kürbislaternen schnitzen oder für den Muttertag einen Blumenkranz binden – mit ein wenig Hilfe basteln Kinder gerne, fabrizieren mit Schere, Buntstift und Papier jede Menge Kunstwerke, die sie stolz zeigen und verschenken. Auf spielerische Weise entwickeln sich ihre Fingerfertigkeit und Kreativität.
Der Garten bietet dafür das ganze Jahr eine große Fülle an Kostbarkeiten. Lassen Sie Ihren Kinder auch dabei freien Lauf und freuen Sie sich über die originellen Einfälle der Kleinen, anstatt mit festen Regeln und Vorgaben Spiel und Spaß zu diktieren.

n

Das Ergebnis geduldiger Fädelei: Aus dutzenden Blüten haben die beiden eine Löwenzahnschlange geflochten.

Frühlingsfrische Ideen mit Blüten

Sobald erste Blumen auf den Wiesen sprießen, lockt es Kinder hinaus, um kleine Sträuße für Mama, Papa oder Großeltern zu pflücken. Gänseblümchen zählen dabei zu ihren Lieblingsblumen. Mit großer Geduld sammeln sie die kleinen Überlebenskünstler Stängel für Stängel. Ob für kleine Sträußchen, zum Flechten von Kränzen oder zum Pressen und Basteln – Kinder lieben das niedliche, kleine Blümchen mit den weißen Strahlen. Sie nutzen es für uralte Orakelspiele wie »Er liebt mich, er liebt mich nicht…«. Wer mit dem Mund pflückt und isst, bleibt das ganze Jahr gesund. Und wenn man sieben Blüten auf einmal mit dem Fuß bedecken kann, ist der Frühling da!
Für Kränze, Girlanden und Ketten ist auch der Löwenzahn sehr beliebt, Kinder kennen ihn als Kuh- oder Pusteblume. Mit den Blumenkränzen geschmückt, singen und tanzen sie dann über die Frühlingswiesen.

Blumenschmuck aus Kinderhand
Für einen Kranz, den man später im Haar tragen möchte, braucht man jede Menge frische Löwenzahnblüten samt Stängeln. Man beginnt mit drei Stängeln zu flechten, die Blüten zeigen nach oben. Bei jedem neuen Knoten flicht man einen weiteren Stängel in den Zopf mit ein. Zwischendurch nimmt man Maß und legt den Strang um den Kopf des Kindes, das den Kranz dann tragen darf. Ist der Zopf lang genug, steckt man Anfang und Ende zusammen und flicht die letzten Stängel vorsichtig zwischen die ersten Blüten.
Mit nur einem einzigen Löwenzahnstängel kann jedes Kind ein Armband basteln. Dazu sucht man sich einen kraftigen Stängel und schlitzt diesen am Ende zwei Zentimeter auf, legt ihn dann um den Arm, sodass das Blütenköpfchen oben auf dem Arm liegt und steckt die Blüte durch den Schlitz – fertig ist ein Armband mit goldgelbem Medaillon.
Völlig ohne Blüten, dafür aber im Look der siebziger Jahre ist eine Kette aus Löwenzahnstängeln. Das geht so: Man bastelt einen Ring, indem man die Blüte vom Stängel rupft und das dünne Ende ins dicke steckt. Der nächste Stängel wird durch den Ring gezogen und erst dann geschlossen, und so weiter.

Frühjahrskur für die ganze Familie
Viele Gartenbesitzer dulden den ausdauernden Korbblütler nicht im Rasen und versuchen, Löwenzahn mit allen Mitteln aus dem eigenen Reich zu verbannen. Man sollte aber wissen, dass die Samen des Löwenzahns mit ihren kleinen Fallschirmen viele Kilometer weit fliegen können. Ausrotten

ist nicht möglich, und ein Nachbarstreit wegen Löwenzahn im Rasen völlig nutzlos und überflüssig. Stattdessen könnte man Löwenzahn als einen heilkräftigen, immer wieder nachwachsenden Salat schätzen. Er enthält Bitterstoffe und enzymatisch wirkende Substanzen, die den Stoffwechsel anregen - ideal für eine Frühjahrskur. Am besten schmecken junge Blätter vor der Blüte, knackig frisch, blanchiert oder gedämpft. Köstlich munden auch gedünstete Blütenknospen. Dazu passen Knospen des Gänseblümchens, die als »falsche Kapern« eingelegt wurden. Die Blüten schmecken auf einem Butterbrot oder im Salat erfrischend und leicht scharf. Bei den Kinder hingegegen dominiert an den ersten Frühlingstagen die

Ein prächtiger Blütenkranz mit Butterblumen, Klee und Frauenmantel macht aus ihr die Prinzessin der Blumenwiese.

Bewegung

Lust, sich zu bewegen und all der Lebensfreude freien Lauf zu lassen.

Hauptsache wieder draußen!
Nach der langen Winterzeit wollen die Kinder an die frische Luft, um sich endlich wieder auszutoben.

Kinder brauchen stürmische Spiele, um ihren Bewegungsdrang zu stillen. In der Wohnung sind diese meist nur bedingt möglich und nicht erlaubt. Ein Trampolin leistet dabei sehr gute Dienste. Wie auf einer Hüpfburg, die die Kinder von Jahrmärkten oder vom Sandstrand aus dem Urlaub kennen, können sie hochspringen, ohne Hemmungen hüpfen und fliegen und sich so völlig verausgaben.
Stellen Sie das Trampolin in eine Mulde, dann bleiben den Kindern schlimme Abstürze erspart. Relativ weicher Rasen oder alte Matratzen am Rand sorgen dafür, dass Unfälle ohne große Folgen bleiben.

Frühlingspower freien Lauf lassen
Kinder wollen toben und tollen. Sie sehnen sich danach, ihre Energie zu spüren, ihre Grenzen zu erweitern und ihren Körper zu fühlen. Dabei bauen sie Stress ab und vergessen den Leistungsdruck in der Schule. Wenn Gameboy, Computer und Playstation die Kinder mehr faszinieren

Hüpfen, so hoch es nur geht, dann fallen und fliegen – auf einem Trampolin kann es gar nicht stürmisch genug sein.

als das Spiel im Garten, locken große Wettbewerbe mit tollen Gewinnen sogar Computerfans und antriebslose Stubenhocker in den Garten.

Fangen & Verstecken

Laufen, rennen und fangen regt den Kreislauf an, sorgt für gute Kondition, und die Kinder frieren auch an kühlen Märztagen nicht. Ob »Eckstein, Eckstein, alles muss versteckt sein« oder »Blinde Kuh« und »Fang mich«, fast alle Kinder haben Spaß an den alten Bewegungsspielen. Auch »Katz und Maus« sowie »Wer hat Angst vorm schwarzen Mann« erzeugen Spannung und Spielfreude. Da bei diesen Spielen die Rollen ständig wechseln, geht es nicht ums Gewinnen, sondern um den Spaß in der ganzen Gruppe.

Der Dosenlauf fordert Geschicklichkeit und schult spielerisch zu balancieren und das Gleichgewicht zu halten.

Zu Gast bei Meister Lampe

Vorfreude ist die schönste Freude. Kinder fragen schon lange vor Ostern, wann denn nun der Osterhase kommt und die bunten Eier bringt. Anstatt die Wartenden zu vertrösten, eröffnet man eine »Malstube der Osterhasen«, die Bastelwerkstatt für fleißige Helfer. Das Malen, Basteln und Osternester bauen macht einen Heidenspaß und lässt Kinder ihre Ungeduld vergessen. Draußen im Garten am rustikalen Gartentisch darf auch mal ein Farbtropfen daneben kleckern. Mit Bastelfarben und Pinsel verwandeln die kleinen Künstler ausgeblasene Eier oder weiße Deko-Eier zu kunterbunten Kunstwerken.

Zum Bemalen steckt man die Eier einzeln auf Schaschlikspieße, dünne Korkscheiben dienen zur Fixierung. Die Spieße werden in eine Dose gesteckt, die mit Sand oder Salz gefüllt ist. Zum Aufhängen bindet man einen dünnen Faden an ein Stück Streichholz und fädelt dieses durch das Loch im Ei.

Für den Osterstrauß braucht man ein paar Birkenzweige, oder die Mutter spendiert aus dem Garten Forsythien-

fest

triebe. Stellt man sie am Palmsonntag, eine Woche vor Ostern, in die Vase, sprießen zarte Blätter und erste Blüten zum Osterbrunch.
Bunte Ostereier und aus Filz oder Papier selbst gebastelte Eierbecher sind ein Muss auf jeder Ostertafel.

Eierfärben mit Naturstoffen

Viel Spaß macht es, mit natürlichen Farbstoffen zu färben. Zuerst braut man das Färbebad. In einem halben Liter Wasser köchelt man zwei Hand voll Zwiebelschalen oder Kurkuma-Gewürzpulver. Beides färbt Eier gelb. Rot werden sie im Sud aus Roter Bete oder Schalen roter Zwiebeln, violett durch Rotkohlblätter, und grün färben Spinat, Brennessel und Petersilie. Gibt man zwei Esslöffel Essig in den Sud, leuchten die Farben intensiver.
Im Färbebad kocht man die Eier dann mindestens zehn Minuten lang.
Wer sie vorher mit Blumen, Blättern, Kräutern oder Gräsern umwickelt und in ein Stück Stoff oder Nylonstrumpf gesteckt hat, bekommt kunstvolle Muster auf den Eierschalen.
Ostereier liegen traditionell auf Moos in Körben und Schalen. Verstecken Sie die Eier doch mal in Ostergras. Dafür sät man Weizen in Töpfe oder flache Schalen. Zwischen den zarten grünen Halmen liegen kleine Schokoladeneier gut versteckt.
Auf den extrem flachen Matten der Streichelminze, auch Korsische Minze genannt, leuchten bunte Ostereier wunderschön. Und: Der ganze Ostertisch duftet erfrischend nach Minze.
Verstecken Sie kleine Goldhasen im Garten, in Nestern aus bemoosten Stöckchen und Hölzchen. So wird das Ostereier suchen spannender und die Freude beim Finden noch viel größer!

Action

Sackhüpfen um die Wette, das macht auch den Erwachsenen viel Spaß. Auch wenn schnell mal die Puste ausgeht.

Ein Sommer voller Spaß & Spiel

Laden Sie die Nachbarkinder ein und eröffnen Sie eine Kinderolympiade. Sackhüpfen um die Wette, Dosen werfen oder Eierlauf lockt so manchen Stubenhocker an die Luft. Oder Sie mähen einen Teil Ihres Rasens einmal als Irrgarten oder Parcour für die Spiele, das motiviert die Kinder. Zuhause im eigenen Garten, in der Nähe der Eltern, scheuen sich auch die Schüchternen nicht, ihre Kräfte mit Gleichaltrigen zu messen. Starke Jungs suchen nach Chancen, ihren Mut zu beweisen. Sie klettern schon mal übermütig auf den alten Apfelbaum, erklimmen das Baumhaus über die Strickleiter oder schwingen mit der Schaukel so hoch es geht. Bei der Olympiade bevorzugen sie meist das

Sackhüpfen, den 100-Meter-Sprint oder den Eierlauf. Zur Beruhigung der tosenden Rasselband könnte man eigene Disziplinen festlegen, etwa einen sanften Weitlauf, bei dem man eine Seifenblase so weit wie möglich in Richtung Ziellinie pusten muss. Für Wartezeiten liegen das Hupfseil oder Gummitwist bereit. Auf dem Rasen schlagen die Mädels Rad und die Jungs üben eifrig Handstand.

Ein alter Baumstamm genügt als Schwebebalken, und schon balancieren die Mädels als elegante Elfen durch den Garten. Federball, mit oder ohne Netz, ist bei Windstille perfekt. Doch das Wichtigste einer Olympiade sind die Medaillen. Kinder wollen Preise gewinnen. Jubelschreie lösen Sie aus, wenn Sie vorher ein wenig recherchieren, um kleine Herzenswünsche als Medaillen zu verpacken.

Mit eingerollten Wollsocken wirft es sich leichter und völlig ungefährlich – am besten baut man dahinter ein Netz auf.

Malen & B

Die Kinder lernen dabei spielerisch, mit Gleichaltrigen klar zu kommen, zu kooperieren und sich durchzusetzen. Unersetzlich für das spätere Leben.

Märchenstunde im Garten
Eintauchen in die Welt der kleinen Momo, der Prinzessinnen und Feen, kleiner Zauberer oder mutiger Ritter – Märchen erlauben zu Träumen. Und Kinder lieben es, ihren Gedanken freien Lauf zu lassen. Sie erschaffen völlig andere Welten, fühlen sich wie tapfere Kämpfer oder liebliche Feen, schlüpfen mühelos in mehrere Rollen und lieben es zu schauspielern
Für dieses Spiel ziehen sie sich am liebsten zurück. Mädchen finden es königlich, im selbstgenähten Stoffzelt im Garten zu residieren. Mit einer Decke und ein paar Kissen darf die Märchenstunde auch gerne einen Nachmittag lang dauern. Auch ein simples Moskitonetz eignet sich für ein luftiges Domizil im Garten. Oder man hängt ein Leinentuch über die Wäscheleine oder ein Seil, das man zwischen Bambusstangen gespannt hat. Jungs bevorzugen eher Weidentipi oder das verschlungene Dickicht.

Wer ist die Schönste im ganzen Land? Mädchen lieben dieses selbst genähte Kinderzelt, das vor der heißen Sonne schützt.

asteln

Die Krönung einer Märchenstunde kommt, wenn für die Königin eine Perlenkette aus Hagebutten aufgefädelt oder für den Turniersieger ein Kranz aus Löwenzahn geflochten wird. Kinder improvisieren gern, freuen sich aber auch, wenn man ihnen zeigt, wie man Strohherzen bindet, simple Tontöpfe in leuchtende Geschenke verwandelt und für die Mama ein Blumenbild bastelt. Oder Sie legen mit den älteren Kindern ein richtiges Herbarium an, vielleicht mit den Pflanzen aus dem Kinderbeet.

Blumenbilder und Mobile

Aus Löwenzahn, Butterblumen und Margeriten lassen sich leicht lustige Blütengesichter basteln. Die gelben Zungenblüten des Löwenzahns sehen als Pumuckel-Haare lustig aus, runde Butterblumen oder Margeriten symbolisieren die Augen, ein Löwenzahnblatt den Mund, und der Stiel die Nase. Direkt auf das Plexiglas eines Bilderrahmens geklebt, wird daraus im Handumdrehen ein Geschenk. Ob Blätter, Muscheln, ausrangierte CD's oder Glasperlen, man kann aus fast allem ein Mobile bauen. Wichtig sind nur feste Schnüre, guter Kleber – falls manche Einzelteile nicht durchbohrt werden können – und Holzstöcke. Aus Metall, Perlen und Muscheln halten sie Wind und Wetter aus und erfreuen als glitzernde Windspiele draußen im Garten. Kleine Tontöpfe mit Steinchen an Schnüren klingen schon bei leisem Wind, wie Klangspiele im Feng-Shui-Garten.

Ein Atelier unter freiem Himmel

Tonscherben, Flaschen und Holzreste werden in Kinderhänden zu bunten Pflanzenetiketten oder individuellen Namensschildern für das Kinderbeet. Aus schlichten Tontöpfen können die kleinen Meister persönliche Geburtstagsgeschenke für Freunde basteln. Was auch immer die Maler auf die Töpfe pinseln, ob Blumenmotive oder einfach nur den Namen des Geburtstagskindes, mit einer selbst ausgesäten Sonnen- oder Ringelblume wird

OBEN: Naturgeister im Blumenbeet – Kinderfantasie kennt keine Grenzen.

MITTE: Die weißen Muscheln möchte die Meisterin strahlend bunt haben.

UNTEN: Fertig ist das Urlaubsmobile – Federn und Muscheln baumeln im Wind.

LINKS: Spritzen, planschen und die Füße ins kalte Wasser tauchen – unter der Gartendusche wird alles zum Spaß.

RECHTS: Die Wasserblume spritzt ihren Wasserstrahl unkontrolliert in die Luft. Für Kinder gibt es keine größere Freude.

der Topf zum echten Knüller. Alles, was die kleinen Künstler dazu brauchen, sind wasserfeste Plakafarbe, Pinsel und ein Platz, an dem Farbkleckse kein Problem darstellen.

Planschen und Spritzen

Hört man mitten im Sommer Kinder kreischen, quieken und lachen, dann springen sie entweder gerade in ein Planschbecken, unter der silbernen Fontäne eines Rasensprengers hindurch oder spritzen sich gegenseitig mit dem Gartenschlauch nass.
Nichts lässt Kinderlachen freudvoller klingen als Wasserspaß mitten im Sommer. Wenn es spritzt und sprüht, eiskalt auf die Haut perlt und ein Sprung ins kalte Wasser erlaubt ist, dann sind sie in ihrem Element. Eine simple Gartendusche ersetzt so manch teures Spielgerät.
Seit ein paar Jahren gibt es Plastikblumen, die sich, an den Gartenschlauch angeschlossen, völlig unkontrolliert bewegen und tanzen (siehe Bild rechts), je nachdem wie stark der Wasserdruck ist – ein Heidenspaß für die Kleinen, die stundenlang versuchen, dem Wasserstrahl auszuweichen, bis sie pudelnass und wohlig erschöpft sind.
Den gleichen Effekt erzielt auch ein Kreis- oder Rechteckregner, unter dem die Kinder tanzen dürfen. Tosenden Beifall ernten Sie sicher auch für das Wassertor. Dafür nageln Sie aus drei Holzlatten ein rechteckiges Tor, so hoch, dass Ihre größten Kinder problemlos durchlaufen können. Dann nageln Sie an die Innenseiten der Latten einen alten Gartenschlauch, der auf diese Weise völlig durchlöchert wird. Verbinden Sie ihn mit einem funktionstüchtigen Schlauch – und: Wasser marsch! Fertig ist ein richtiges »Stargate« nur für Ihre Kinder.
Sobald der Nachwuchs schwimmen kann und das Grundstück groß genug ist, könnte ein Schwimmteich statt eines Gartenteiches viel gemeinsamen Spaß bereiten.

Vorsicht mit den Kleinsten

Sind kleine Kinder im Haus, verzichtet man besser auf Swimmingpool oder Badeteich und spielt mit den Kleinen im Planschbecken.
Doch es gibt sichere Alternativen. Ein Springbrunnen im großen Topf oder ein Wandbrunnen auf der Rückseite des Hauses sorgen dafür, dass man im Garten plätscherndes Wasser hört. Wählen Sie dafür einen Platz, an dem die Abendsonne die Brunnen erreicht und die Wasserspritzer glitzern lässt. Kinder spielen genüsslich mit einer schillernden Fontäne, die zwischen Kieselsteinen nach oben spritzt. Den

Matschen

Wassertank samt Pumpe versenkt man im Boden, deckt das Ganze mit einem Gitter und Vlies ab, damit die Pumpe nicht zu schnell verstopft. Denn die kleinen Mäuse schleppen bald jede Menge Sand, Steinchen und Förmchen zur Wasserfontäne.

Matschen & Bauen

Im Sand buddeln, Kuchen backen, Burgen bauen und erste Bauwerke planen und konstruieren - die Sandkiste gehört in den Familiengarten.

Wer seinen Kindern auch Wasser dazu gönnt, der sorgt für größte Freude. Dann werden nach Herzens Lust Matsch geformt, enge Schluchten zu Burgen mit tiefen Wassergräben gebaut, Heimat für imaginäre Krokodile – in der Sandkiste lassen Kinder ihren Ideen freien Lauf und es fällt ihnen eine Menge ein. Einfacher Sand regt die Fantasie so stark an wie kaum ein anderes »Spielzeug«.
Ob alleine, nebeneinander oder auch zusammen, im Sandkasten haben alle Platz, die Kleinen wie die Großen.

Noch bevor der Nachwuchs so richtig laufen kann, fühlt er begeistert Sandkorn für Sandkorn zwischen seinen Fingern durchrieseln und vergnügt sich ohne jede weitere Animation. Schon früh beginnt die Zeit der Baumeister. Türme, Hügel, Brücken und Schlösser werden geschaffen, ob mit Bauklötzen oder Sand, Schaufeln und Förmchen – ganz egal, Kinder beginnen zu gestalten und zu konstruieren. Kneten, Bauen und Formen gelten in der Kinderpsychologie als erste Schritte zur praktischen Intelligenz. Aber auch ältere Schulkinder, die schon längst kompliziertere Spiele beherrschen, buddeln gerne im Sand. Groß und Klein, Mädchen wie Jungen, spielen an kaum einem anderen Ort so reibungslos dicht nebeneinander.

Im lichten Schatten einer Kugelrobinie und in der Nähe des Hauses fühlen sich die kleinen Baumeister pudelwohl.

Doch so richtig glücklich machen Sie Kinderherzen, wenn direkt neben der Sandkiste Wasser sprudelt und die Bagage voller Lust matschen darf. Dann kommen Mischmaschine und Sattelschlepper erst so richtig zum Einsatz.

Wasser marsch!

Lassen Sie doch ein kleines Bächlein oder ein flaches Rinnsal direkt neben der Sandkiste plätschern. Eine solch kindersichere Wasserlandschaft lässt sich leicht realisieren. Sie brauchen dafür eine Pumpe, ein Auffangbecken und ein großes Stück Teichfolie.
Das Wasser fließt bereits bei wenigen Zentimetern Höhenunterschied. Prüfen Sie den Wasserfluss mit einem Gartenschlauch und regulieren Sie das Gefälle vor der endgültigen Anlage.

Für den kleinen Bootsführer kommt jetzt die große Mutprobe: Wie führt er sein Schiff geschickt über die Klippe?

Happy-Birthday-Gartenparty

Anna wird fünf Jahre alt und will alle ihre Freundinnen zum großen Fest in den Garten einladen. Schon Tage vorher überlegt sie sich ein Motto für die Feier: »Streifen & Pünktchen«. Dekoriert wird der Garten mit bunten Perlenvorhängen, die normalerweise als Fliegenschutz für Gartentüren verkauft werden. Anna liebt es, durch die Perlenketten hindurch zu tanzen. Die Party hat einen festen Ablaufplan. Zuerst gibt es eine süße Kinderbowle aus Fruchtsäften. Dann beginnen auch schon die ersten Spiele, zuerst »Topf schlagen« und »Reise nach Jerusalem«. Danach werden den Kindern die Augen verbunden, alle stellen sich wie bei einer Polonaise auf, und Anna führt die Kinder durch den Garten, über einen Barfußpfad mit Rinde, durch eine schlammige Mulde hinauf zur Gartendusche. Fröhliches Jubeln und Gekreische erfüllt den Garten. Da jetzt schon alle nass sind, gilt es, mit dem Mund in Äpfel zu beißen, die im Wasser schwimmen. Um die aufgekratzte Meute ein wenig zu beruhigen, gibt es für alle leckeres Eis am Stiel und süße Limonade.

stag

Rechtzeitig einladen Schon ein paar Wochen vor der Party werden die Einladungskarten gebastelt. Hier hat man Karton gefaltet, gestreiftes Geschenkpapier eingelegt und Holzperlen aufgefädelt. Die Karte verrät das Motto der Party: »Streifen & Pünktchen«, Datum, Uhrzeit und besondere Hinweise wie »Es kann nass werden! Bitte Badehose und trockene Ersatzkleidung mitbringen«.

Junges Gemüse zum Dippen Geschälte Gurken, Karotten, dünn geschnittene Paprikaschoten, Fenchel und Radieschen knacken so schön, wenn man hineinbeißt, und ihr Saft erfrischt erhitzte Gemüter an heißen Partytagen. Stellen Sie Schälchen mit mildem Kräuterquark zwischen das rohe Gemüse, die Kinder dippen gern und naschen immer wieder zwischen den Spielen vom Vitaminbüfett.

Eis am Stiel Erdbeerjoghurt in Eisförmchen füllen, die Stängel von Lampionblumen hineinstecken, einfrieren – fertig ist das Kindereis.

Fähnchen als Namensschilder Aus gestreiftem Geschenkpapier und Zahnstochern kann man problemlos kleine Namensschilder basteln. Damit findet jedes Kind seinen Platz an der Kindertafel und Streit bleibt aus.

Würstchenschnappen Wiener Würstchen werden heiß gemacht und dann an eine Wimpelleine gehängt, die man zwischen zwei Pfosten oder Bäume gespannt hat. Ein Kind darf die Leine schwingen, andere Kinder versuchen, mit dem Mund in die Würstchen zu beißen. Die Hände werden auf dem Rücken festgebunden. Man kann auch Apfelstücke oder Gummibärchen an die Leine hängen.

Das bringt Spaß: voller Karacho in einen Haufen trockenen Herbstlaubs treten oder sich mitten hinein fallen lassen.

Spielen und Basteln im Herbst

Wenn die ersten stacheligen Schalen der Kastanien aufplatzen und diese schönen, makellosen, glänzend braunen Früchte an den Bäumen locken, dann wird es Herbst. Früher haben die Jungs es gar nicht abwarten können, bis die Kastanien von alleine ihre fleischige Haut sprengen und auf den Boden fallen. Sie warfen Holzstücke nach oben, um möglichst als erste die dicksten und schönsten Früchte zu sammeln.
Kastanien sehen nicht nur perfekt aus, sie fühlen sich auch wunderbar an, glatt und doch nicht kalt, fest und weich zugleich. Eine Kastanie in der Hosentasche ist ein wunderbarer Handschmeichler, den man immer wieder anfassen und befühlen kann – das beruhigt die Sinne und entspannt. Im Herbst gibt es jede Menge Neues im Garten zu entdecken. Mit großer Neugierde tasten und fühlen sich die Kinder in Unbekanntes vor.
Viele Pflanzen verblüffen mit perfekt ausgeklügelten Systemen, ihre Samen bis zur Reife zu schützen und dann in alle Welt zu verbreiten. Kastanien etwa schirmen die dünnhäutigen Früchte mit stacheligen Schalen ab. Disteln und Löwenzahn schicken ihre Samen mit kleinen Fallschirmen auf die Reise. Wer die Flughärchen mit den Fingerspitzen berührt, fühlt, wie zart und filigran sie konstruiert sind, perfekt fürs Fliegen. Kinder untersuchen mit großem Eifer sämtliche Früchte des Gartens und lassen die eine oder andere dabei platzen. Es ist ein großer Spaß, die schneeweißen, fleischigen Kugeln der Schneebeere *(Symphoricarpos)* knacken zu lassen. Oder Hagebutten zu öffnen, die rote Schale zu lutschen – sie schmeckt erfrischend süß-säuerlich. Die feinen Härchen aber kitzeln auf der nackten Haut ganz furchtbar. Zum Spaß steckt man sie anderen unter den Pullover.

Eine Expedition sorgt für Spannung

Bevor die kleinen Mäuse zu großen Entdeckern werden und in die Natur starten, bauen sich die Kinder eine Botanisiertrommel. Das kann ein einfacher Schuhkarton sein, eine leere Kakaodose oder ein Eimerchen. Wenn möglich, befestigt man eine Kordel an dem Gefäß, sodass die Kinder die Trommel umhängen können und beide Hände frei haben. Eine neckische Variante ist das Sammeln mit dem Strohhalm. Statt die Blätter und Früchte zu greifen, müssen die Kinder ihre Beute mit dem Strohhalm ansaugen und in die Box legen.
Zuhause angekommen, könnten Sie bereits das erste Spiel veranstalten. Jedem Kind werden abwechselnd die Augen verbunden. Mit den Fingern berühren sie dann die Mitbringsel und versuchen zu erraten, was es ist.

Laubschlacht im Garten

Trockenes Herbstlaub raschelt so toll und verlockt, gemächlich hindurch zu schlurfen. Man kann es voll Power in die Luft werfen, herumwirbeln, zu riesigen Haufen auftürmen und beherzt hineinspringen. Im Laubberg kann man sich auch leicht verstecken. Mit dicken Pullovern und Stiefeln macht das Laubharken zusammen mit den Eltern sogar Spaß. Die Kinder dürfen das Laub in der Schubkarre oder im Laubsack fest zusammentreten, dann passt mehr hinein. Auf den Beeten und rund um die Rosen sowie unter den Sträuchern verteilen die Kinder eine dicke Schicht Laub, die den Boden vor der Kälte schützt. Und wenn die Schubkarre gerade wieder leer ist, findet ein kurzes Schubkarren-Wettrennen statt. Das sorgt für Stimmung und warme Füße. Damit keiner der fleißigen Helfer friert, gibt es zwischendurch warmen Kinderpunsch. Ein Lagerfeuer mit Stockbrot und Würstchen krönt den Tag im Herbstlaub gebührend.

Kleine Straßenkünstler am Werk: Statt Kreide greifen sie zu buntem Herbstlaub, Zierkürbissen und kleinen Äpfeln.

Eine Höhle aus Laub

Erlauben Sie Ihren Kindern, aus einem großen Haufen Herbstlaub eine Höhle zu bauen. Sie brauchen dazu Kaninchendraht und vier Holzlatten, die man so in den Boden schlägt,

dass ein dreieckiges Dach entsteht. Den Kaninchendraht zieht man über die Latten und befestigt ihn vorsichtig mit Krampen oder umgebogenen Nägeln, dass die Kinder später in ihrer Höhle nicht an spitzen Enden hängen bleiben. Dann häuft man jede Menge Laub auf den Wigwam. Den Boden bedeckt man mit weichem Rindenmulch oder einer alten ausrangierten Wolldecke.
In ihrer Räuberhöhle denken sich die Kinder jede Menge Gruselgeschichten aus oder planen Indianerspiele. Wenn sie dann erschöpft ins Laub hineinlauschen, hören sie die Mikrofauna. Da knistert und knackt es, vielleicht hört man Schnecken schmatzen oder Ameisen um die Wette knuspern. Bewusstes Hören in unserer ansonsten lauten Welt schult die Sinne.

Bastelspaß mit Blättern

Wenn die Blätter an den Bäumen nach und nach anfangen, ihre Farbe zu wechseln, kommt plötzlich wieder die Lust, das Herbstlaub zu sammeln und damit zu basteln. Vor allem an sonnigen Herbsttagen leuchten die brillanten Farben. Das Laub der Felsenbirne wird karminrot, der Spitzahorn steht auf einmal mit goldgelbem Kleid da und die Platanen strahlen in hellem Gelb. Jedes Jahr aufs Neue staunen die Kinder über die Perfektion und Schönheit der Natur. Jedes Blatt sieht anders aus. Kaum ein Kind kann widerstehen, immer wieder auf den Boden zu greifen und Dutzende von Blättern zu sammeln. Vorsichtig an den Stielen gehalten, werden die Blattsträuße nach Hause getragen.
Legen Sie die Blätter am besten sofort in ein dickes Buch, zwischen

Lösch- oder Schreibpapier. Dann bleibt die Schönheit erhalten und das Blatt schrumpft nicht in der ersten Nacht zusammen, um beim nächsten Anfassen zu zerbröseln. Nach einigen Tagen sind die Blätter trocken und es kann mit dem Basteln losgehen. Ob Figuren auf Papier oder Girlanden für Türen und Fenster, Kinder probieren alles einmal aus und entwickeln immer wieder neue Ideen. Mit Malfarben pinseln sie das Laub ein und bedrucken damit Papier oder Stoff, je nachdem, was man erlaubt. Ähnlich wie beim Kartoffeldruck, bei dem halbe Kartoffeln mit Farbe eingepinselt auf Stoff gepresst werden, kann man mit Stoffmalfarben und Herbstlaub eine fantasievolle Tischdecke für Halloween gestalten.

LINKS: Dieser kleine Künstler klemmt zwischen gespannte Wollfäden seine Mitbringsel zu einer Herbstcollage.

RECHTS: Seht mal, was ich alles gefunden habe! Steine, Rinde, Disteln und sogar große bunte Federn.

Faszinierende Gestalten erschaffen Kinderhände aus Früchten. Allerdings sollte man es ausdrücklich als Ausnahme erlauben, mit Essbarem wie Äpfel und Birnen zu spielen. Vielleicht haben Sie ein paar Nelken oder Zimsterne übrig, die machen sich als Knöpfe oder Zähne prächtig. Kastanien, Hagebutten und Eicheln eignen sich prima für Waldmännchen und frei erfundene Tiere. Bucheckern sehen wie Hütchen aus, die Kappen der Eicheln wie Schuhe, und als Beine kann man Zahnstocher oder kleine Ästchen verwenden.

Holz als Klangkörper

Draußen im Garten eröffnen Sie die Instrumentenwerkstatt. Dafür braucht man mehrere Holzstücke, dünne und dicke, unterschiedlich lange Zweige sowie einen 80 cm langen Ast; außerdem eine Bohrmaschine, für die älteren Kinder Handbohrer, Schnüre und einen warmen Kinderpunsch zum Aufwärmen. Zuerst durchbohrt man die Hölzer am oberen Ende. Dann dürfen die Kinder Schnüre durch die Löcher fädeln und die Holzstücke am dicken Ast festbinden. Den Ast hängt ein Erwachsener so auf, dass die Rundhölzer frei daran baumeln können. Fertig ist das Xylophon, auf dem

Was für zwei Prachtkerle aus dicken Äpfeln, kleinen Zieräpfelchen, Herbstlaub und mit vielen liebevollen Details.

Hallow

Wenn die Kürbisgeister kommen

»Süßes, sonst gibt's Saures!« rufen gruselige Gestalten vor der Haustüre. Am Abend des 31. Oktobers ziehen als Geister, Gespenster und Banditen kostümierte Kinder von Haustür zu Haustür und drohen den Menschen, ihnen einen Streich zu spielen, wenn sie nichts Süßes bekommen. Bei uns feiern die Kinder erst seit ein paar Jahren Halloween, in Irland, England und Amerika zählt der 31. Oktober schon seit dem 19. Jahrhundert zu den größten nationalen Festen. Halloween hat seinen Ursprung bei den Kelten. Das irische Urvolk feierte in der Nacht vom 31. Oktober auf den 1. November den Jahreswechsel. Das Volk glaubte, in dieser Nacht würden die Geister der Toten zurückkehren. Man versuchte, die Gefürchteten mit Feuern zu vertreiben und mit Masken verkleidet zu verwirren. Schüsseln mit Essen vor der Haustüre sollten die Geister versöhnen.
Übrig blieb von diesem Kult nur die Tradition, an Halloween als Gespenster verkleidet durch die Straßen zu ziehen und kleine Feuer in Kürbislaternen zu entzünden.

een

Leuchtende Kürbisgesichter sieht man allerdings schon Tage vor dem 31. Oktober auf Zaunpfählen, vor den Fenstern und Haustüren. Im Zwielicht des Abends verwandeln sie sich in geheimnisvolle Gestalten.

Kürbislaternen schnitzen

Bereits ab Ende September bieten die Gärtner auf den Wochenmärkten die riesigen »Kaventsmänner« feil. Kürbisse sehen sehr unterschiedlich aus. Jeder sucht sich am besten sein Exemplar selbst aus, sonst gibt es nur unnötigen Streit beim Schnitzen. Damit sich keiner verletzt, besorgen Sie für die Kinder richtiges Kürbis-Schnitzbesteck, denn auf der glatten, steinharten Kürbisschale rutscht man mit einem Messer leicht ab. Die Gefahr sich dabei zu verletzen, ist groß. Zuerst zeichnen die Kinder auf der Oberseite des Kürbis – das ist die Seite mit dem Stängel – den Umriss eines Deckels. Dann schneidet ein Erwachsener mit einem scharfen Messer die Linie aus. Dabei hält er das Messer schräg zum Mittelpunkt des Kürbisses, so entsteht eine stabile Deckelkante. Kinder schnitzen ein kleines Loch als Rauchabzug in den Deckel. Danach löffeln die Kinder das Fleisch samt Kernen aus dem Kürbis. Dabei muss aber eine etwa 2,5 cm dicke Haut stehen bleiben. Nun malen die Kinder ihre Muster mit wasserlöslichem Stift auf die Außenhaut, gruselige Fratzen, lachende Gesichter oder fantasievolle Bilder. Mit einer kleinen Säge oder einem stumpfen Küchenmesser schneidet man entlang der Linien die Muster aus. Mit Ausstechförmchen für Gebäck kann man Mond, Sterne und Herzen leicht in den Kürbis drücken.

Mit ein bis zwei Teelichtern leuchten die Kürbislaternen eine ganze Nacht. Aus dem Kürbisfleisch kochen Sie mit den Kindern eine köstliche Suppe.

Winterspi

die Kinder mit Hölzern oder Trommelschlägern ein Konzert spielen können. Steine oder Tonplatten dazwischen verfeinern die Vielfalt der natürlichen Klänge.

Im Winter draußen

Wenn die ersten Schneeflocken vom Himmel tanzen, schallen das Juchzen und die Freudenschreie der Kinder über die schneebedeckten Gärten. Schneemänner bauen, Schneebälle werfen und durch die weiße Pracht stapfen, begeistert alle Kinder und bringt ihre Lebensfreude zum Vorschein. Schnee versetzt sie regelrecht in Trance, kalte Hände oder tropfende Nasen bemerken die Kleinen nicht. Eingepackt in dicke Schneeanzüge, warme Stiefel und wasserdichte Handschuhe sausen sie jeden noch so kleinen Hügel hinunter, auf Schlitten, Rodelscheiben oder einfach nur auf Plastiktüten genießen sie den Rausch der Geschwindigkeit.
Im Garten spielen sie stundenlang im Schnee, bauen sich auf vom Räumen aufgetürmten Schneehaufen eine Rennbahn mit Tunneln und steilen Abhängen. Auch Bagger, Traktor und Müllauto aus der Spielkiste im Kinderzimmer kommen hier zum Einsatz.

Schneehäuser bauen wie die Inuit
Liegt genug Schnee, macht der Bau eines Iglus richtig viel Spaß. Je nachdem wie groß das Schneehaus wird, kriechen die Kinder selbst hinein oder erklären den Iglu zum Puppenhaus. Erzählen Sie von den Inuit, den Jägern der Arktis, Ureinwohnern Grönlands, Kanadas und Sibiriens. Lange Zeit nannte man sie Eskimo, was soviel wie »Rohfleisch-Esser« bedeutet. Inuits bauen die Iglus mit Eisblöcken, die sie wie Backsteine übereinander schichten. Das wird bei uns nicht möglich sein. Doch aus festem Schnee lässt sich ein Iglu bauen. Die Kinder werden staunen, wie warm es in dem Schneehaus werden kann.

Spannende Schneeball-Spiele
Bei einer Schneeballschlacht kämpft jeder gegen jeden, und es kullern auch schon mal ein paar Tränen, wenn ein Ball den Kopf getroffen hat. Viele Ballspiele lassen sich abwandeln und mit Schneebällen spielen. Zum Beispiel Schneeball-Weitwurf. Eine andere Variante ist das Zielen. Alle

SPIELE FÜR SCHNEEFREIE TAGE

- Alle Kinder stellen sich in eine Reihe, drehen sich um und gehen um die Wette schnell rückwärts. Ein Heidenspaß. Noch größer wird die Gaudi, wenn die Kinder rückwärts eine Spirale lang gehen sollen. Der Sieger erhält einen Preis und darf sich das nächste Spiel wünschen.
- Garten-Mikado: Man sucht sich Bambusstäbe oder gerade Haselnussruten. Auf einer ebenen Fläche stellt man ein Bündel Stäbe in die Mitte, öffnet die Hände und springt weg. Die Stäbe fallen kreuz und quer. Die Aufgabe besteht darin, einzelne Stäbe herauszuziehen, ohne dass andere wackeln.
- Schatten fangen: Im Winter steht die Sonne flach am Himmel und wirft lange Schatten. Ein Kind fängt die anderen, in dem es in deren Schatten springt.

ele

Na, was sagt ihr zu meinem neuen Spielkameraden? Mit Karotte, Knopfsteinen und Zylinder ist er doch perfekt.

Das war anstrenged. Völlig erschöpft ziehen die Kinder ihren Riesenschneeball auf dem Schlitten nach Hause.

Kinder versuchen, den Schneeball in einen Korb oder in ein kreisrundes Feld zu werfen. Das Kind mit den meisten Treffern hat gewonnen und bekommt einen tollen ersten Preis.

Vorfreude auf die Weihnachtszeit

So viel Kindern Schnee bedeutet, genauso ungeduldig warten sie auf den Nikolaus und auf die Geschenke, die der Weihnachtsmann bringen wird. Nur zu gern basteln sie drinnen aus Zapfen kleine Wichtel und aus Glanzpapier viele Sterne für die Fenster.

An milden Wintertagen könnte man im Garten eine Kerzenwerkstatt eröffnen. Draußen darf ruhig ein wenig Wachs daneben gehen, und die gezogenen Kerzen kühlen gut ab.
Aus Gips und Bucheckern, Eicheln und Kastanien basteln die Kinder passende Kerzenständer. Dazu modelliert man auf einem Bierdeckel ein Häufchen Gips, steckt eine Kerze in die Mitte und drückt die Früchte und Schalen in den weichen Gips.
Hantieren mit Pappmaschee bereitet Kindern ein sinnliches Vergnügen. Für eine Laterne blasen alle einen Luftballon auf, reißen Zeitungspapier in kleine Schnipsel und weichen diese in Kleister gut ein. Kinder lieben es, die klebrige Papiermasse auf den Ballon zu schmieren. Schicht für Schicht, bis die Mascheehaut 5 mm dick ist. Dann lässt man die Kugel eine Nacht lang trocknen, bis die Haut hart ist. Am nächsten Tag dürfen die Kinder den Ballon mit der Nadel kaputt pieksen. Dann schneidet man oben eine Öffnung in die Kugel, stellt ein Teelicht hinein, fädelt einen Draht zum Tragen rechts und links durch die Ränder, und der Laternenumzug durch den Winterwald kann beginnen.

Masken für Fasching

Nach Silvester steht bereits die Faschingszeit vor der Tür. Nun gestalten sich die Kinder ihre eigenen Faschingsmasken aus Pappmaschee. Das Prinzip bleibt gleich, außer dass man Augen, Nase und Mund in die Pappmascheehaut schneidet und die Maske auf die Kopfgröße des Kindes abstimmt. Mit der Farbe des Papiers bestimmt man die Tönung der Maske. Man kann sie aber auch nach Herzenslust bemalen. Wolle oder Watte klebt man am Schluss oben an, und fertig ist die Maske mit Haarschmuck.

Ratespiele für die Winterzeit
Spannung und Neugierde wecken »Fühl-Boxen« oder Tast-Kästen. Dafür braucht man Schuhkartons, deren Deckel festgetackert werden. Auf der schmalen Seite des Kartons schneidet man kreisrunde Löcher in die Pappe, gerade so groß, dass eine Kinderhand durchpasst. Legen Sie dann Zapfen, Eicheln, Kastanien oder Rinde in die Boxen. Süßigkeiten und Obst eignen sich auch. Je weicher und matschiger die Objekte sich anfühlen, umso intensiver ist die Spannung und Aufregung. Jedes Kind darf tasten und fühlen, was in den Kistchen liegt. Den Gewinner erwartet ein toller Preis, vielleicht ein Tag im Schwimmbad. Zum Abschluss gibt es Bratäpfel und heiße Schokolade.

Kurz vor der Garage im Schnee steckengeblieben – im Weiden-Wigwam lässt es sich auch im Winter fantastisch spielen.

Natur

Faszination Natur – was krabbelt denn da?

»Guck mal!« ruft Peter und zeigt voller Staunen und Stolz seine Beute. »Was ist das?«, fragt der Junge seinen Vater und hält ihm das haarige schwarze Würmchen unter die Nase. »Es könnte die Raupe eines Admirals oder vielleicht eines Tagpfauenauges sein,« lautet die nüchterne Antwort. Peter grübelt die Stirn. Er weiß noch nicht, was eine Raupe ist und wie der Admiral oder das Tagpfauenauge aussehen. Fragend beäugt er das Tier, das sich gerade langsam über seine Fingerspitze schmiegt und dessen weiche Haut und vielen Härchen kitzeln: Wer bist Du?
Kinder entdecken beim Spielen im Garten immer wieder kleine Tiere, Käfer, Maden, Schnecken oder Regenwürmer. Nehmen Sie sich Zeit für die Fragen der kleinen Jäger und Forscher. Betrachten Sie mit Kinderaugen die winzige Welt der Insekten, Spinnen und Käfer. Sie werden staunen, was für sonderbare Gestalten und Geschöpfe in Ihrem Garten unter Laub, Gebüsch oder hinter der Baumrinde hausen. Anstatt beim Anblick einer Spinne oder einer Maulwurfsgrille hysterisch »Iiihh« zu schreien, sollten Sie unbedingt – falls vorhanden – eigene Ängste und Ekel unterdrücken und mit den stolzen Entdeckern schauen und beobachten. Begeben Sie sich auf die Ebene der Kinder und nehmen Sie teil an deren Neugierde, dann tauchen Sie gemeinsam ein in die faszinierende Welt des Mikrokosmos. Im Kontakt mit Tieren lernen Kinder spielerisch Respekt und Achtung vor den Geschöpfen der Natur.

Der Natur unter die Arme greifen

Man kann viel dazu beitragen, dass ein Igel im Garten sein Quartier aufschlägt, eine Schar niedlicher Piepmätze die Blattläuse von den Rosen pickt und Admiral und Kleiner Fuchs durch die Lüfte flattern. Sorgen Sie für Wirtspflanzen für die Schmetterlinge, bauen Sie mit ihren Kindern Nisthilfen für Vögel, Wildbienen und Insekten, und pflegen Sie den Garten im Sinne der Natur. Wer im Herbst trockene Halme und Stängel im Staudenbeet stehen lässt, lockt damit im Winter Meisen, Spatzen und Finken in den Garten.
Sobald die Kinder älter sind, lohnt es sich, über die Anlage eines Gartenteichs nachzudenken. Kaum ein Bereich im Garten hat mehr an Faszination zu bieten als das Wasser. Dort tummeln sich unzählige Insekten, quaken Frösche und patroullieren Libellen das Ufer.
Mit Katzen schmusen, Meerschweinchen stundenlang streicheln oder mit dem Hund über den Rasen toben – Kinder lieben Haustiere als geduldige Spielkameraden und treue Weggefährten. Allerdings brauchen sie bei der Pflege die Hilfe der Eltern. Kein Kind schafft es alleine, jahrelang regelmäßig die erforderlichen Pflichten zu erfüllen. Gemeinsam mit Eltern und Geschwistern können sie jedoch lernen, auf andere Wesen Rücksicht zu nehmen und zu spüren, was es heißt, verantwortlich zu sein.

erleben

FASZINATION
NATUR IM GARTEN

Am Teich

Wussten Sie, dass eine Amsel 17 Jahre alt werden kann? Dass Eichhörnchen drei bis fünf nackte, blinde Babys gebären und diese im kugeligen Nest zwölf Wochen lang säugen? Oder dass der Zitronenfalter frei sitzend und oft steif gefroren an einem geschützten Fleckchen überwintert? Die Wunder der Natur überraschen nicht nur Kinder. Auch als Erwachsener lernt man jede Menge dazu, was man nie wusste oder längst vergessen hat. Kinder fragen, wie alt Frösche, Kröten und Schnecken werden. Sie wollen wissen, wo die Tiere im Winter sind und warum sie nicht erfrieren. Nutzen Sie die kindliche Neugierde für ein Familienquiz, das Sie gemeinsam mit den Kinder bei jeder Reise oder gar Expedition um zusätzliche Fragen und Antworten erweitern können.

Was läuft denn da über's Wasser?

War da nicht gerade etwas? Lief nicht eine Spinne über den Teich? Können Käfer schwimmen, oder was ist das für ein Tier im Wasser, was gerade den Hintern nach oben streckt?

Vorsichtig holen die beiden Entdecker ihre Beute aus dem Kescher und bringen sie zum Inspizieren und Beobachten ins Wasserglas.

Im und um den Gartenteich tobt das Leben. Kaum ein anderer Bereich im Garten beherbergt so viele Tiere. Auf dem Wasser lauern Wasserläufer auf Beute und schießen pfeilschnell über den Teich, wenn ein Insekt ins Wasser fällt. Am Teichgrund leben Larven der Libellen, Schlammschnecken reinigen das Wasser und Molche jagen Flohkrebse und Fliegenlarven. Zwischen Stängeln, Blättern und Trieben der Wasserpflanzen leben Schwimmkäfer, Wanzen und Insektenlarven. Teichfrösche und Kröten sitzen gut getarnt am Ufer und warten dort auf Nahrung.

Unter die Lupe nehmen

Meist ist die Neugier bei den Kindern groß und sie wollen die flinken Tierchen aus der Nähe betrachten und studieren. Doch sollten sie vorsichtig sein und nicht jedes Tier sofort anfassen. So sehen Wasserwanzen zwar harmlos aus, können aber mit ihrem Stachel schmerzhaft stechen.
Am besten setzt man sich zunächst mit den Kindern ans Ufer und beobachtet das Treiben auf und unter Wasser. Wenn die Kinder erste Kaulquappen entdecken oder aber ein Käfer mit seinem Hinterteil »atmet«, dann werden sie ihre Kescher zücken wollen.

Quak, quak – schallt es laut durch den Garten. Die Töne erzeugt der Teichfrosch mit den paarigen Schallblasen, die er hinter den Mundwinkeln aufbläst.

Erstaunlicherweise eignet sich ein ganz normales Küchensieb am besten zum Fangen der im Wasser lebenden Tiere. Um auch dicht am Teichgrund entlang keschern zu können, braucht man einen dreieckigen Netzkescher mit einem stabilen Netzgitter und einem langen Stiel. Teleskopstiele haben sich als praktisch erwiesen. Genau unter die Lupe nimmt man die Tiere in einem dünnwandigen Glas oder in einer flachen Plastikschale. Für Kinder gibt es auch kleine Becher mit ingerierter Lupe im Handel. Mit einer zehnfachen Vergrößerung kann man auch noch winzige Körperteile gut erkennen.
Erklären Sie den kleinen Forschern aber unbedingt, dass sie die Tiere wieder zurück ins Wasser legen.

Lautloses Schlüpfen am Morgen

Libellen, die Akrobaten der Lüfte, faszinieren mit schlanken Körpern in schillernden Farben. Azurblau funkelt die schlanke Hufeisen-Azurjungfer, grüngelb die Blaugrüne Mosaikjungfer, deren Flügel 10 cm breit werden. Libellen können pfeilschnell fliegen, kreisen aber auch stundenlang über dem Teich, um sich dann erneut im Kamikazeflug auf die nächste Beute zu stürzen. Libellen sind ausgezeichnete Flugjäger, die bis zu 50 km/h schnell düsen können. Da sie dabei

Insekten

Bienen, Schwebfliegen und Hummeln zählen zu den wichtigsten Bestäubern in unseren Gärten. Zu Unrecht stempelt man sie als »gefährliche« Tiere ab.

auch den Kopf eines Menschen als Ziel anvisieren und erst dicht vor dem Gesicht abdrehen, gelten sie leider noch immer zu Unrecht als gefährlich. Libellen haben keine Stachel und keine Zähne, sie können nicht beißen und nicht stechen! Libellen scheinen ihr kurzes, nur wenige Wochen dauerndes Leben als flugfähige Insekten voll auszukosten, reifen doch manche bis zu vier Jahre lang im trüben Teichwasser heran! Wasserfloh, Mückenlarven und sogar kleine Fische landen in der gefräßigen Fangmaske der trägen Larven.
Wenn die Larve fertig entwickelt ist, klettert sie an Halmen und Stängeln aus dem Wasser nach oben. Kurze Zeit später schlüpft die Libelle.
Legen Sie sich mit den Kindern im Mai in den frühen Morgenstunden am Teichufer auf die Lauer, dann ist die

Chance groß, das Spektakel zu sehen. Wenn der Panzer der erstarrten Larve aufplatzt und eine schillernde Libelle ihren Kopf samt Beinen und Flügeln aus der Mumie schiebt, da stockt auch einem Erwachsenen kurz der Atem. Das Schlüpfen dauert zwanzig Minuten. Erst dann haben sich die Libellen zu ihrer vollen Größe entfaltet. Aber erst rund vier Stunden später heben sie ab in die Lüfte, denn der anfangs noch weiche Körper muss in der Sonne aushärten. So lange aber besteht für die Libellen Lebensgefahr, zahlreiche Räuber lauern ihr auf.

Faszinierend: Expeditionen ins Tierreich Garten

Neben den Libellen schwirren noch unzählige weitere Insekten durch den

Schon zur Blütezeit der Krokusse, im April, sind weibliche Erdhummeln aktiv und legen in Erdbauten ihr Nest an. Die Männchen schlüpfen erst im Juli.

Garten. Zu den ersten im Jahr zählen weibliche Erdhummeln, die im Boden überwintert haben und schon im April wieder ihr Nest bauen. Der erste Schmetterling zaubert uns allen ein Lächeln ins Gesicht, gilt er doch als sicheres Zeichen dafür, dass der Sommer kommt. Doch schon im April flattern Zitronenfalter durch die Lüfte. Der Grund: Sie überwintern als Falter, frei sitzend und tiefgefroren! Kaum ein Erwachsener weiß das. Was für ein Wunder der Natur!
Lassen Sie sich anstecken von der Neugierde Ihrer Kinder und begeben Sie sich gemeinsam auf die Ebene der Krabbeltiere. Zusammen mit Vater oder Mutter bauchlings auf der Wiese liegend und mit einer Lupe in der Hand, fühlen sich Ihre Kinder ganz

Molche wie dieser Teichmolch gehören zu den seltenen Tieren im Gartenteich. Der Kammmolch ist sogar vom Aussterben bedroht.

ernst genommen und erleben eine Expedition der besonderen Art.
Legen Sie einmal die Ohren auf den Boden und lauschen Sie mit den Kindern in die Erde. Hört man einen Regenwurm schmatzen, Maulwürfe schaufeln oder Wühlmäuse nagen? Aber auch dicht über dem Boden ist eine Menge los. Ameisen laufen wie immer völlig aufgeregt die Grashalme hinauf und hinunter. Heuschrecken knuspern an Blättern und Trieben. Ist es windstill, hört man vielleicht Zirptöne. Folgt man dem Laut, sieht man einen schwarzen Mistkäfer, der seine Hinterhüften aneinander reibt. Im Herbst entdeckt man vielleicht auch Feldgrillen und das Grüne Heupferd.

Abenteuer zur blauen Stunde

Bleiben Sie mit den Kinder ruhig 'mal abends draußen, wenn es dämmert und Ruhe in den Garten einkehrt. Bald schon zeigen sich die Jäger der Nacht. Es dauert nicht lange, und es surrt und schwirrt über den Blumen. Aus dem Nichts tauchen graue Falter mit überdimensional langen Rüsseln auf, die bei Nachtduftern wie Ziertabak oder Nachtviole Nektar tanken. Nachts schwärmen auch die Maikäfer aus. Die dicken Brummer tummeln sich vor Gartenlaternen oder rund um den Fackeln, manchmal hört man sie dumpf auf den Boden plumpsen. Fällt einem so ein dicker Käfer auf den Kopf, ist der Schrecken groß. Doch kein Grund zur Panik. Mit der Taschenlampe ausgestattet, sieht man die großen Fühlerlamellen und weißen Zacken seitlich unter den braunen Hornflügeln.
Maikäfer treten invasionsartig auf und können daher Kindern Angst machen. Fangen Sie ein Tier mit einem Insektenfänger oder einer Streichholzschachtel. Unter einem Mikroskop, das man auf Flohmärkten auch für zu Hause günstig kaufen kann, verwandelt sich jeder noch so plumpe Käfer in ein faszinierendes Meisterwerk. Es wird deutlich, dass die weißen Zacken harmlos sind, und keine gefährlichen Zähne!
Erklären Sie den Kindern, wie der Maikäfer lebt, was er frisst und wo er sein Zuhause hat. So verlieren sie ihre Ängste und interessieren sich mehr denn je für die schwirrenden Brummis.

DER NATURSCHUTZ MUSS BEACHTET WERDEN

Früher holten sich die Kinder Froschlarven, auch Kaulquappen genannt, aus Teich und Tümpeln, um sie zu Hause oder in der Schule zu beobachten. Das verbietet unser Naturschutzgesetz. Frösche, Unken und Molche sind bedroht und dürfen nicht mehr gefangen werden. Um dennoch möglichst viel von der Entwicklung der Larven bis hin zum fertigen Frosch sehen zu können, ohne den Laich zu stören oder zu gefährden, baut man sich einen »Unterwasser-Guckkasten«. Man ersetzt einfach den Boden einer Holzkiste durch eine Plexiglasscheibe und dichtet die Naht mit Silikon ab. Durch dieses Fenster kann man nicht nur Kaulquappen beobachten, sondern auch Schwimmkäfer, die zum Luft holen mit ihrem Hinterteil an die Wasseroberfläche kommen, und vieles mehr.

Kinder errichten eine »Arche« für wild lebende Tiere. Lochziegel, Stroh, Lehm und Geäst bieten für Igel, Wildbienen und andere Insekten Unterschlupf.

Nisthilfen für nützliche Insekten

Honigbienen und die gefürchtete Deutsche Wespe haben noch eine ganze Reihe von Verwandten. Es gibt mehr als 500 verschiedene Wildbienen, alle sind völlig harmlos und friedlich. Sie bestäuben unsere Obstbäume und spielen im ökologischen Gleichgewicht eine wichtige Rolle. Das gilt auch für die solitär lebenden Grab-, Lehm- und Wegwespen.

Genug Platz ist im kleinsten Stängel
Im Unterschied zu den staatenbildenden Bienen und Wespen leben Wildbienen und Solitärwespen einzeln. Die Tiere suchen sich Hohlräume, in denen sie ihre Brutzellen bauen und ihren Nachwuchs groß ziehen. Sie bohren sich die Hohlräume meist nicht selbst, sondern beziehen vorhandene Bohrgänge. Das sind oft verlassene Fraßgänge von Käfern.
Einige Arten legen ihre Brut aber auch in altes Holz, Steinspalten und Löcher im Verputz oder in Schilfhalme von Reetdächern. Manche wählen dabei nur ganz bestimmte Hohlräume. So nisten Mauerbienen ausschließlich in leeren Schneckenhäusern.
In dicht besiedelten Gebieten fehlen diese natürlichen Nistplätze häufig. Doch kommt es vor, dass Wildbienen etwa in einem kleinen Schlupfloch in der Wand des Geräteschuppens nisten oder die kleine Öffnung des Rasensprengers als Nisthöhle auswählen. Gemeinsam mit Kindern kann man leicht artgerechte Nisthilfen bauen.

Ältere Kinder haben nicht nur Spaß dabei, Löcher in dicke Hölzer zu bohren, Haselnussruten zu durchlöchern oder das Mark aus Holunderzweigen zu drücken. Kinder interessieren sich auch für das Leben der Insekten und fühlen sich richtig gut dabei, den kleinen Tieren draußen in der Natur eine Wohnung oder Brutstätte zu bauen. Groß ist die Freude und der Stolz, wenn sie später die Wildbienen beobachten, wie sie eifrig Pflanzenwolle, Blattstücke oder Halme herbeischaffen, die Röhre optimal für die Brut auskleiden und später mit Lehm das Nest verschließen.

Vom Niststein bis zum Bündel
Man braucht dafür hohle Pflanzenstängel wie Bambusrohre, Staudenstängel, Holunderzweige. Das Mark wird entfernt und die Stängel schneidet man auf eine Länge von 10 bis 20 cm zu. Dann verschließt man ein Ende mit Gips oder Lehm. Bambusstöcke sind an den Knoten dicht. Die Stöckchen schiebt man einzeln mit den verstopften Enden in die Löcher eines Hohlziegels oder schnürt eine Hand voll zu einem Bündel zusammen. Niststein oder Bündel werden so aufgestellt oder aufgehängt, dass die Röhren waagerecht liegen.

Wichtig ist, dass die Brutröhren vor Regen und Wind geschützt sind. Umwickeln Sie die Bündel mit einer Gipskappe oder stecken Sie sie in Rohre aus Beton oder Keramik. Hängen Sie die Nisthilfen ruhig in der Nähe des Hauses auf. Die Tiere sind harmlos und friedlich, man braucht keine Stechattacken zu befürchten. Der BUND und andere Umweltorganisationen bieten häufig Seminare für Kinder an zum Thema »Nisthilfen für Wildbienen und Schlupfwespen«.

Insektenschutz fix und fertig

Man kann auch artgerechte Nisthilfen kaufen, zum Beispiel Nistschilf oder Nistblöcke aus Holzbeton mit unterschiedlich dicken Röhren, die man in den Baum hängt. Optisch sehr ansprechend sind Nisthölzer aus abgelagerter heimischer Buche oder eine ganze Nistwand aus Lehm und Schilf. Für Kinder sehr spannend sind die Nistkästen mit transparenten Glasröhrchen, die man aus dem Nistblock herausziehen kann, ohne die Insekten zu stören. Die Kinder können so das Geschehen in den Brutkammern beobachten, kleine Junglarven sehen.

Nützlinge anlocken

Andere Nützlinge wie Schlupfwespen, Spinnen und Florfliegen brauchen ebenfalls unsere Unterstützung. Siedeln Sie wichtige Nektarpflanzen an, wie wilde Möhre, Dill oder Heckengehölze wie Weißdorn und Wildrosen. So kann man etwa Quartiere speziell für Florfliegen aufhängen, in denen sie sicher überwintern können.
Es lohnt sich auch, andere Kleinlebewesen im Garten anzusiedeln, um die natürliche Schädlingsbekämpfung zu unterstützen. So frisst der Ohrwurm mit Vorliebe Blattläuse, Spinnmilben und diverse Larven. Da er nachtaktiv ist, sucht er für seinen Schlaf am Tag trockene Verstecke. Ideal sind kleine, mit Stroh gefüllte Tontöpfe, die man umgedreht an Bäume hängt.

OBEN: Die Jungs bohren in eine Holzscheibe 2–10 mm breite Gänge. Für den Nistklotz eignen sich Buche oder Eiche.

UNTEN: Eine Rindenhaut schützt das Nistbündel vor Regen. Es hängt waagerecht und sicher, ohne zu pendeln.

Nützli

Die fleißigen Helfer aus der Natur

Nützlinge erkennen und verstehen

In der Natur gilt ein hartes Gesetz: Fressen und gefressen werden. Für Kinder klingt das erst mal brutal und lieblos. Doch erklären Sie den kleinen Grünfingern die Zusammenhänge in der Natur, dass dort ein Organismus vom anderen lebt und jedes Tier seine Nische im Ökosystem hat. Anhand von niedlichen Marienkäfern und feenhaften Florfliegen verlieren die Kinder Scheu und Unverständnis. Neben den beiden Helfern dezimieren auch Raubwanzen, Spinnen, Käfer und Gallmücken Schädlinge. Wobei meist die Larven der Insekten die Läuse und Milben fressen. Die erwachsenen Tiere trinken Honigtau, Nektar und naschen Pollen. Locken Sie die fleißigen Helfer mit Doldenblütler wie Fenchel, Dill und Wilde Möhre oder Korbblütlern wie Ringelblumen in Ihren Garten. Und lassen Sie im Herbst abgestorbene Blütenstände stehen; darin überwintern viele der nützlichen Insekten.

nge

Marienkäfer

Es gibt 70 heimische Arten, die sich alle durch unterschiedliche Farben und Muster unterscheiden. Bekannt ist der rote Siebenpunkt-Marienkäfer. Die Zahl der schwarzen Punkte sagt nichts über das Alter aus, sondern hängt von der Art ab. Kinder lieben die putzigen Käfer und lassen sie gern von der Fingerkuppe aus starten. Marienkäfer und ihre Larven leben fast nur von Blattläusen. Ein einziger Käfer frisst pro Jahr bis zu 4000 Läuse. Manche Arten vertilgen auch Spinnmilben und Schildläuse, der gelbe 22-Punkt-Marienkäfer hat sich auf Mehltaupilze spezialisiert.
Locken Sie Marienkäfer mit Hecken aus Hundsrose *(Rosa canina)*, Weißdorn und Schlehe in den Garten und sorgen Sie für geschützte Hohlräume.

Schwebfliegen

Sie sehen zwar Wespen sehr ähnlich, sind aber völlig harmlos, haben keine Stacheln und beißen nicht. Man kann sie gut von Wespen unterscheiden: Die Schwebfliegen können förmlich in der Luft stehen bleiben – daher auch der Name »Schwebfliege« – und dann sehr schnell, blitzartig wegfliegen. Sie ernähren sich ausschließlich von Nektar und Pollen. Kinder können sie über den Blütenköpfen von Sonnenblumen und Margeriten beobachten. Stehen Fenchel, Dill oder Wilde Möhre im Gemüsebeet, dann findet man die federleichten Flieger dort. Ihre Larven dagegen leben räuberisch von Blattläusen und Spinnmilben. Da die grünlichen Larven ungewöhnlich wirken, werden sie fälschlicherweise oft als Schädlinge bekämpft.

Florfliegen

Ihre zarten, hauchdünnen Flügel schimmern hellgrün im Sonnenlicht. Wegen ihrer goldfarbenen Augen werden sie auch »Goldauge« genannt. Auf dem Speiseplan ihrer Larven stehen ganz oben Läuse aller Art, Blatt-, Blut- und Schildläuse, sowie Fliegenlarven und Raupen.
Die geflügelten Tiere saugen Nektar, und den suchen sie am liebsten in den Blüten von einfach blühenden Wildformen wie Klatschmohn, Schafgarbe und Kornblume. Sie schwirren aber auch auf die Doldenblüten von Dill, Kerbel und Wilder Möhre. Auch die Hundsrose sowie andere Wildrosen und der Weißdorn gelten als Magnet für Florfliegen und andere Nützlinge. Gefüllt blühende Blumen dagegen haben kaum Nektar.

Teamgeist

Viele Schmetterlinge wie der Kleine Fuchs (rechts) legen ihre Eier an den Brennesseln ab. Nur dort können sich ihre Raupen entwickeln (links).

Wo Schmetterlinge gaukeln & flattern

Landet ein Tagpfauenauge vor den Augen eines Kindes, staunt es über die bunten Falter. Die samtigen Flügel sehen so kostbar aus, dass man scheut, sie anzufassen. Mit ihren Mustern verblüffen sie nicht nur Kinder, vor allem natürliche Feinde sollen damit abgeschreckt werden. So gaukelt das Tagpfauenauge vier große Augen vor. Blau-schwarz blinken sie im vorderen Außenwinkel der Flügel. Der Braune Bär signalisiert mit seinen Warnfarben »Achtung, ich bin giftig!« Grell-orange und damit »gefährlich« leuchten Kleiner Fuchs und Admiral. Auch die Raupen täuschen Feinde. Schwarz-gelbe Dornen und zwei besonders lange am Kopf sollen Raupen des Kaisermantels schützen. Die Raupe des Mittleren Weinschwärmers

DIE SCHÖNSTEN SCHMETTERLINGE UND IHRE FUTTERPFLANZEN

Admiral
Vanessa atalanta

Die Falter saugen an überreifem Obst. Der Wanderfalter zieht jedes Jahr aus dem Süden zu uns. Seine Eier legt er einzeln an Brennnesselblätter ab. Die Raupen spinnen sich dort eine Blattröhre.

Kaisermantel
Argynnis paphia

Die weiblichen Falter legen ihre Eier im September in der Nähe von Veilchen. Die schwarzbraunen Raupen leben nur von Veilchenblättern. Der Falter saugt an Disteln und anderen Korbblütlern.

Distelfalter
Vanessa cardui

Der Wanderfalter zieht im Frühjahr von Nordafrika über die Alpen bis nach Skandinavien. Die grüngelbe Raupe hat einen kleinen Stachel und frisst v.a. an Brennnesseln, Disteln und Kletten.

Kleiner Fuchs
Aglais urticae

Der Falter saugt an Blüten des Schmetterlingsstrauchs und an überreifem Obst. Die Raupen können sich nur an Brennnesseln entwicklen. Die Falter überwintern und fliegen schon im März.

Zitronenfalter
Gonepteryx rhamni

Der einzige Falter, der bis zu zehn Monate alt wird. Im Frühjahr legen die Weibchen ihre Eier einzeln an Faulbaum und Kreuzdorn ab. Nur dort können sich die Raupen entwickeln.

Tagpfauenauge
Inachis io

In Höhlen und Kellern überwintert der Falter und fliegt ab März. Die Weibchen legen Eier an Brennnesseln ab, wo sich die Raupen gesellig in einem Gespinst der Wipfelblätter entwickeln.

Ein Tagpfauenauge kommt selten allein. Auf dem Schmetterlingsstrauch *(Buddleja davidii)* tummeln sich Dutzende der bunt schillernden Falter.

zieht bei Gefahr ihren Kopf ein. Die Augenflecke, die dann zu sehen sind, schlagen ihre Feinde in die Flucht. Andere tarnen sich durch ihre Farbe. So sind die mattgrünen Raupen des Zitronenfalters fast unsichtbar. Damit möglichst viele Falter in Ihrem Garten flattern, braucht es ein wenig Mut zur Unordnung. Denn Brennnesseln sind für 13 Schmetterlinge die einzige Kinderstube. Lassen Sie Brennnesseln in einer versteckten Ecke im Garten wachsen, vielleicht hinter dem Schuppen oder beim Komposthaufen. Außerdem brauchen die Falter gute Nektarspender. Während Nachtfalter, die wichtige Pflanzenbestäuber sind, auf Abenddufter wie Geißblatt und Nachtkerze fliegen, saugen Tagfalter am Schmetterlingsstrauch, im Kräuterbeet oder an gelben Korbblütlern.

Haustiere

Kinder fühlen sich pudelwohl, wenn sie das warme, weiche Fell von Kaninchen, Meerschweinchen und Hamstern spüren.

Kinder und ihre Haustiere

Die erste große Liebe vieler Kinder gilt dem eigenen Haustier. Ob Hund, Katze oder Meerschweinchen – Kinder fühlen sich den Vierbeinern sehr nah. Als bereitwillige Spielkameraden und treue Weggefährten bereiten sie viel Freude. Bei Kummer ziehen sich die Kleinen mit ihren Tieren oft zurück, kuscheln und streicheln stundenlang das weiche Fell, während sie dem geduldigen Vierbeiner ihre Geschichte erzählen. Diese Nestwärme tröstet über so manche Tränen hinweg.

Verantwortung üben

Dabei lernen Kinder früh, verantwortlich zu sein für ein anderes Wesen, es zu hegen und zu pflegen. Doch man

sollte sich bewusst sein, dass Kinder alleine überfordert sind mit den Pflichten. Sie brauchen die Hilfe der Eltern, um das Tier gut zu versorgen, inklusive Tierarztbesuch.
Ob Hund oder Katze, Kaninchen oder Meerschweinchen - Kinder lieben es, im Sommer mit den Tieren im Garten zu spielen. Auch die Tiere schnuppern lieber frische Luft und hoppeln oder kriechen gerne durch ein Freigehege. Aus Dachlatten und Hasendraht lässt sich das leicht bauen. Wichtig ist nur eine überdachte Ecke, die vor Regen schützt und an sonnigen Tagen kühlen Schatten spendet. Und sicher muss es sein vor Marder & Co.
Kaninchen buddeln gerne, deshalb braucht man für ihre dauerhaften Freigehege einen Durchwühlschutz in Form von Drahtgittern, die man einen Meter tief in den Boden eingräbt.

Max treibt weiße Zwergenten vor sich her. Die Rasse ist ruhig und zutraulich, gewöhnt sich leicht an Menschen.

Vögel beobachten

Meisen, Rotkehlchen, Dompfaff und Spatzen erfreuen uns das ganze Jahr. Die süßen Piepmätze flattern von Ast zu Ast, zwitschern dabei ihre Lieder und wirken immer völlig vergnügt. Im Winter knabbern sie auf der Suche nach Maden, Raupen und Würmern unermüdlich an Ästen und Zweigen. Meisen, Spechte und Kleiber meißeln die Rinde mit ihren festen Schnäbeln regelrecht auf und ziehen genüsslich ihre Beute hinter der Rinde hervor. Im Sommer picken Blaumeisen die Blattläuse von den Rosen, niedliche Schwanzmeisen sammeln Spinneneier und Mücken, Rotkehlchen füttern ihre Jungen mit Raupen.

OBEN: Wenn man ein schnelles »Tok, Tok, Tok« hört, dann hämmert meist ein Buntspecht in die Rinde eines Baumes.

UNTEN: Der Gimpel, auch Dompfaff genannt, pickt im Winter gerne an Zweigen mit nahrhaften Knospen.

Vögel zwitschern nicht nur ihren wunderbaren Gesang, sie dezimieren viele Schädlinge und sorgen für gesunde Gartenpflanzen. Doch sie stillen ihren Hunger nicht nur mit delikaten Fleischhäppchen.
Der Stieglitz ernährt sich zum Beispiel nur von Sämereien verschiedenster Pflanzen wie Löwenzahn und Disteln. Blaumeisen vertilgen zwar einige Pfund Blattläuse im Jahr, doch sie lieben auch Nektar und Pollen, vor allem der Weidenblüten. Der Dompfaff frisst hauptsächlich Samen, aber auch Knospen vieler Bäume, Sträucher und Kräuter. Amseln und Drosseln durchstöbern das Laub auf der Suche nach Würmern und anderem kleinen Getier.

Vögel in den Garten locken

Wer das bunte Treiben der Vogelwelt seinen Kindern und dem Garten zuliebe fördern möchte, füttert sie im Winter. Vögel haben aber auch Durst und suchen das ganze Jahr Wasser, zum Trinken und Baden. Eine flache Vogeltränke lockt sie an, und die Kinder haben Freude, wenn Spatz und Meise im Vogelbad plantschen.
Doch in erster Linie ist wichtig, dass der Garten naturgemäß gepflegt wird und es reichlich Gebüsch und dicke Laubschichten darunter gibt. Im Gewirr der Zweige bauen Vögel ihre Nester, und im modrigen Herbstlaub finden die gefiederten Freunde ihre Lieblingsspeisen: Spinnen, Milben, Würmer, Insekten und Larven.
Wer im Herbst Verblühtes im Beet stehen lässt, wird im Winter staunen, mit welcher Akrobatik kleine Meisen an den Stängeln rauf und runter turnen und genüsslich die Samen picken.

Sorgen Sie für Nestwärme!

Bauen Sie mit Ihren Kindern aus Holz, Stroh und Moos artgerechte Nisthilfen für die Piepmätze. Aus Moos, Birkenzweigen und Draht kann man leicht kugelige Mooshöhlen flechten. Darin fühlen sich Höhlenbrüter wie Meisen, Spatzen und Zaunkönige wohl. Aus den Blütenrispen von Chinaschilf und Pampasgras zupfen sich die Vögel Polstermaterial für ihre Nester. Wenn der Frühjahrsputz im Garten schon gemacht wurde, hängt man einfach Federsäckchen ins Gebüsch.
Auch das Zimmern eines Nistkastens macht Kindern viel Spaß. Doch es ist kompliziert und man braucht genaue Anleitungen zu Größe, Einflugloch

WICHTIGES ZUM NESTBAU IN ALLER KÜRZE

- **Weite Dachüberstände und Fluglöcher, die mehr als 17 cm Abstand von der Bodenplatte haben, schützen die Brut vor Marder, Katzen und Eichhörnchen.**
- **Nistkästen immer in ein bis zwei Meter Höhe anbringen und das Haus leicht schräg nach vorn kippen. Das Flugloch sollte nach Südosten bis Osten zeigen.**
- **Nach der Brutsaison im Spätsommer entfernt man das alte Nest und bürstet die Kästen aus. Da sich dort häufig Flöhe, Milben und Lausfliegen ansiedeln, sollte man dabei unbedingt alte Kleidung tragen und sich gut schützen.**
- **Später darf man keinen Hausputz mehr machen, da sich dann schon nützliche oder bedrohte Insekten wie Ohrwürmer, Hummelköniginnen und Säugetiere wie Siebenschläfer zum Überwintern in den Kästen eingenistet haben.**

Futters

Bistro »Zum Piepmatz« eröffnet

Finken fliegen 'rein und 'raus, Meisen hüpfen vom Haus zum Gebüsch und zuruck, Spatzen flattern vor der Theke aufgeregt hin und her, der Buntspecht kommt vorbei und Rotkehlchen picken auf dem Boden die Samen auf, die beim Drängeln und Picken der Amseln über den Rand gefallen sind. Nirgendwo sonst kann man Vögel so gut und ausgiebig beobachten wie am Futterhaus. Gerade für Kinder ist das aufgeregte Treiben ein spannendes Spektakel im Winter. Dekorieren Sie mit ihnen die kahlen Sträucher im Garten mit selbst gemachtem Vogelfutter - kleine Fettbällchen, prall gefüllt mit Körnern und Beeren, sind ein Festschmaus für die Wintervögel. Verteilen Sie außerdem Futterspender im Garten und füttern Sie Freiland-Mischfutter. Jeder Vogel pickt sich, was ihm am besten schmeckt. Für Weichfutterfresser wie Rotkehlchen, Drossel und Zaunkönig streut man zusätzlich Beeren und Rosinen. Füttern macht Spaß, aber echte Nahrungsnot besteht für Piepmätze erst bei Eisregen, geschlossener Schneedecke und Dauerfrost um minus 5 °C.

tation

Korn für Korn

Ob Plastiksäulen, kleine Silos oder umgedrehte Flaschen, die Körner bei Bedarf freigeben – das Futter muss trocken bleiben und stets vor Regen geschützt sein. Andernfalls besteht die Gefahr, dass die Körner und Flocken schimmeln. Die Futterplätze sollten unbedingt so gestaltet sein, dass die Vögel das Futter nicht mit ihrem Kot beschmutzen können; so vermeidet man das Ausbreiten von Krankheitserregern. Hängen Sie die edlen Futterspender so auf, dass man sie leicht regelmäßig reinigen kann.

Feine Leckereien

Wenn Eichelhäher, Eichhörnchen oder andere Tiere bei Ihnen schon 'mal ganze Meisenknödel stibitzen, dann helfen diese Futterzapfen aus Kunststoff. Man kann sie aber auch mit Erdnüssen füllen. Dann holt sich das Eichhörnchen zwar auch seine Portion, lässt den Vögeln aber noch etwas übrig. Die Meisen können sich an den Metallringen gut festhalten und lustig drauf los picken. Am besten hängt man mehrere davon in die Bäume, abwechselnd gefüllt mit Meisenknödeln und Erdnüssen.

Pralle Futterglocken

Klassisch nimmt man Blumentöpfe aus Ton, dekorativer sehen kleine Zinkeimerchen oder Mini-Gießkannen aus. Zuerst muss man das Gefäß gründlich waschen und für eine Aufhängung sorgen. Beim Topf steckt man einen 30 cm langen, dünnen Ast durch das Abflussloch, bei den Eimerchen und Gießkannen bohrt man ein Loch in den Boden, schiebt ein Stück Draht durch und fixiert es innen mit einer Perle. Dann die erwärmte Fett-Futter-Mischung einfüllen, erkalten lassen und das Gefäß aufhängen.

Natur erle

und den Bedürfnissen jeder einzelnen Vogelart. Informationen dazu erhält man beim NABU oder in Fachbüchern (siehe Seite 117).

Abenteuer Gartennacht

Was für ein Spaß, mit den Kindern in der warmen Sommernacht zu zelten. Die Aufregung, die Spannung und das Gruseln bleiben kleinen wie großen Abenteurern lange in Erinnerung. Lauschen Sie mit den Kindern in die Nacht hinein, bald raschelt und knackt es. Schon in der Dämmerung hört man die ersten Geräusche. Vielleicht ist es eine Kröte, die aus ihrem Tagesversteck kriecht, einem verlassenen Mauseloch, und am Abend auf Beutefang geht. Dann fressen sie gerne Nacktschnecken.

Hört man ein leises Rauschen in der Luft, könnte eine Schleiereule über das Zelt hinweg segeln. Da die Eule kleine Nagetiere sucht, sieht man sie oft relativ dicht über dem Boden. Dank ihres seidigen Gefieders fliegt sie fast lautlos.

Was war das? Blitzschnell schoss ein schwarzer Vogel übers Zelt, mitten in der Nacht. Mit viel Glück jagt eine Fledermaus durch Ihren Garten – mit offenem Maul fängt sie nachts Mücken und andere Insekten im Flug. In größeren Gärten, in der Nähe von ruhigen Alleen oder in Gegenden mit alten Bauernhäusern, in denen die Dachstühle offen und ruhig sind, kommen Fledermäuse noch häufig vor. Es gibt 22 Arten bei uns, doch leider sind alle vom Aussterben bedroht.

Igel suchen sich für ihren Winterschlaf ein ruhiges Plätzchen im Garten. Dieser Geselle schlummert im Unterschlupf aus Backsteinen, Brettern und Laub.

Locken Sie die Nützlinge mit Fledermauskästen als Brutstätte und Schlafraum in den Garten. Es lohnt sich. Fledermäuse sind sehr gefräßig, sie vertilgen in einem Sommer ein Kilo Insekten, was etwa eine halbe Million Krabbeltiere bedeutet. Sie fressen bis zu 3000 Mücken in einer Sommernacht!

Vierbeiner im Garten

Doch zwischen Sonnenuntergang und Morgendämmerung sind auch die Vierbeiner aktiv. Vielleicht jagt ein Mauswiesel durch den Garten. Es ist das kleinste europäische Raubtier und hält sich häufig in der Nähe von Häusern auf. Aber keine Bange, es frisst nur kleine Nagetiere. Während das Mauswiesel zierlich und nur 100 g leicht ist, wiegt der Steinmarder rund 1,5 kg und wird 70 cm lang! Auf seinem Speiseplan stehen aber nur Früchte und Beeren, manchmal auch Insekten und Würmer. Leider lieben diese Tiere aber auch alle Kabel unter Auto-Kühlerhauben.
Wenn Ihr Garten natürlich gestaltet und reich an Büschen, Schlupfwinkeln und modrigem Herbstlaub ist, dann durchstreift ihn vielleicht ein Igel. Auf der Suche nach Schnecken, Käfern, Würmern und Larven durchschnüffeln die stacheligen Gesellen in der Nacht das Laub im Gebüsch. Man hört sie rascheln, aber auch schnaufen, husten und röcheln. Wer das laute Schmatzen und Stöhnen noch nicht kennt, der denkt zunächst, ein Einbrecher sei im Garten.
Doch Gärtner sehen den stacheligen Freund sehr gerne im Garten, frisst er doch Schnecken und Schädlinge, rührt aber das Gemüse nicht an.
Übrigens: Igel kommen schon mit einem Stachelkleid zur Welt, doch ist es erst noch weich. Erwachsene Tiere haben rund 7000 spitze und harte Stacheln. Bei Gefahr rollt er sich ein; man kann dann weder seinen Kopf noch seinen Bauch sehen. Über eine Stunde kann er so verharren. Das schützt ihn vor dem Fuchs, seinem natürlichen Feind, aber leider nicht vor den Autoreifen. Jedes Jahr werden Tausende überfahren.

Winterquartiere für den Igel

Ein Bett im Laub- oder Reisighaufen in einer ruhigen Gartenecke reicht dem Igel völlig aus. Die Hohlräume kleidet er sorgfältig mit trockenem Laub aus, das er beim Wälzen auf die Stacheln gespießt hat. Doch wer den stacheligen Gesellen in den Garten

Diese Futterstation ist speziell für Eichhörnchen. Sie schieben den Deckel mit dem Kopf nach oben und ziehen flink eine Nuss heraus.

Spuren

locken will, baut ihm mit den Kindern ein Igelhaus. Es genügt eine Obstkiste, die man mit dem Boden nach oben unter das Gebüsch stellt und mit einer dicken Schicht trockenen Laubs abdeckt. Man kann auch eine richtige Igelvilla zimmern, aus Holzbrettern und Dachpappe, die den Unterschlupf vor Regen schützt. Ob gekauft oder selbst gebaut, wichtig ist, dass der Eingang nur 10 x 10 cm groß ist, damit Feinde nicht hinein können.

Auf den Spuren großer Fährtenleser

Wenn in der Nacht Schneeflocken den Garten in eine weiße Leinwand verwandelt haben, dann kann man am Morgen sehen, wer nachts zu Besuch war. Nur dann kommt man den vielen unbemerkten Gästen der Nacht auf die Spur. Gehen Sie mit den Kindern hinaus und erforschen Sie gemeinsam die Spuren im frischen Schnee.

Fährtensuche im Schnee
Steinmarder drücken mit ihren Pfoten einen Abdruck, der dem von Hunden sehr ähnlich ist, nur sehr viel kleiner. Ein Eichhörnchen erkennt man an den vier Trittballen und den scharfen Krallen. Da es nur hoppelt, entsteht immer ein trapezförmiges Sprungbild. Die ersten Vögel haben vielleicht schon ihre Spuren unter dem Vogelhaus hinterlassen. Amseln drücken einen schlanken Dreizack in den Schnee, Meisen sind so leicht, dass sie ganz zierliche Spuren machen. Liegen ein sonderbar akkurat abgenagter Fichtenzapfen oder Haselnüsse mit einem glattrandigen Loch auf der Terrasse, dann hat eine Waldmaus dort Imbiss gehalten. Zwischen ihrer Doppelreihe an Fußabdrücken verläuft eine dünne Schwanzspur.

Spuren erzählen eine Geschichte
So sehen Kenner sofort, ob die Maus auf der Flucht war, ob der Fuchs gejagt hat oder ob das Eichhörnchen aufgeregt mit seinem buschigen Schwanz gewedelt hat. Man sieht auch, ob die Tiere miteinander gespielt haben, die Feldhasen im Rudel getanzt oder Rehe auf der Suche nach frischem Grün im Garten aufgeschreckt wurden und blitzartig davongerannt sind. Professionelle Fährtenleser sprechen dann von der Fluchtfährte.
Neben den Fußabdrücken weisen aber auch Essensreste und Kotwürstchen - der Fachmann spricht von Losung - auf die Besucher des Gartens hin. So nagt das Eichhörnchen im Gegensatz zur Waldmaus die Fichtenzapfen sehr schlampig ab, und die Nüsse zerbeißt es, um an die Kerne zu kommen. Fachbücher zu Spuren heimischer Tiere helfen, die Abdrücke zu bestimmen (siehe Seite 117).

Ein Kinderspiel: Spuren hinterlassen
Ob im frischen Schnee oder in feinem Vogelsand, nasser Erde oder aber mit nassen Füßen auf trockenen Fliesen - Kindern macht es Spaß, Spuren selbst zu machen. Mit großer Begeisterung hinterlassen sie ihre Abdrücke. Machen Sie daraus ein Spiel. Jedes Kind bekommt einen Holzrahmen, in den feiner Sand oder einfach nur Mehl gestäubt wird. Dann macht jedes Kind seinen Fußabdruck. Nun kann man die unterschiedliche Größe der Füße messen oder die Form der Zehen studieren.
Eine andere Variante ist das Spuren-Bild. Die Kinder treten mit den Füßen in eine Schale mit Wasserfarbe und drücken dann ihren Stempel auf das Papier. Vielleicht können Sie bereits auf diese Weise den etwas älteren Kindern erklären, dass jeder Schritt, den man in seinem Leben geht, seine Spuren hinterlässt.

Spuren im Schnee: links Zwergmaus, daneben eine Waldmaus in normaler Fortbewegung, und rechts eine Waldmaus springend.

Mit Kindern durchs

Aktion	JANUAR	FEBRUAR	MÄRZ	APRIL	MAI
Planen	• Familiengarten planen (S.14) • Traumwerkstatt eröffnen (S. 15) • Wunschliste erstellen (S. 17) • Giftpflanzen recherchieren (S. 20)	• Wunschliste erstellen (S. 17) • Weidenruten für Indianerzelt bestellen & stecken (S. 27) • Baumhaus planen (S. 23) • Kinderbeet planen (S. 11)	• Weiden für Tipi oder -tunnel in die Erde stecken (S. 27) • Kletterbaum auswählen und Standort planen (S. 24) • Baumhaus aufstellen (S. 23)	• Wunschliste ergänzen (S. 17) • Blumennest planen (S. 28) • Klettergerüst planen und aufstellen (S. 25) • Kinderhaus planen (S. 22)	• Wunschliste ergänzen (S. 17) • Sichtschutz planen (S. 12) • Baumhaus aus Holz aufstellen (S. 23) • Kinderhaus bauen (S. 31)
Gärtnern	• Aussaat-Experimente mit Bohnen & Co. auf der Fensterbank (S. 36) • Namens-Fähnchen fürs Beet basteln (S. 40) • Bunte Saattütchen einkaufen (S. 36)	• Frühaufsteher im Garten suchen (S. 34) • Namensschilder basteln (S. 34) • Aussaat auf der Fensterbank (S. 37 • Blumen für Kinder auswählen (S. 38)	• Weidentipi oder -tunnel bauen (S. 27) • Naschobst pflanzen (S. 52) • Frühlingsblüher pflanzen (S. 34) • Aussaat auf der Fensterbank (S. 37)	• Aussaat auf der Fensterbank (S. 37) • Boden für das Kinderbeet vorbereiten (S. 42) • Blumen für das Kinderbeet auswählen (S. 38)	• Bonbonblumen und Naschobst pflanzen (S. 48) und S. 52) • Beet anlegen & aussäen (S. 40) • Töpfe bepflanzen (S. 46) • Etiketten basteln (S. 40)
Spielen	• Schneemann bauen (S. 87) • Ratespiele mit der »Fühl-Box« (S. 88) • Rückwärts gehen (S. 86) • Garten-Mikado (S. 86) • Schatten fangen (S. 86)	• Faschingsmasken basteln (S. 88) • Schneemann bauen (S. 87) • Ratespiele mit der »Fühl-Box« (S. 88) • Schlitten fahren und Schneeball-Weitwurf (S. 86)	• Frühlingsblumen pflücken (S. 64) • Osterschmuck basteln (S. 68) • Frühjahrskur für die ganze Familie (S. 64) • Trampolin springen (S. 66)	• Fangen & Verstecken (S. 67) • Gänseblümchen-Orakelspiele (S. 64) • Löwenzahn-Blumengirlanden (S. 64) • Narzissenspiralen-Wettlauf (S. 60)	• Fangen & Verstecken (S. 67) • Dosenlauf (S. 67) • Blumenkränze flechten (S. 64) • Muttertagsgeschenk basteln (S. 73) • Trampolin springen (S. 66)
Erleben	• Familienquiz »Wie alt wird…?« (S. 92) • Spuren im Schnee suchen und bestimmen (S. 112) • Vögel beobachten & füttern (S. 106) • Mit Haustieren spielen (S. 104)	• Nistkästen für Vögel bauen (S. 107) • Spuren im Schnee suchen und bestimmen (S. 112) • Vögel beobachten & füttern (S. 106) • Mit Haustieren spielen (S. 104)	• Nistkästen aufhängen (S. 107) • Nisthilfen für Nützlinge bauen & aufhängen (S. 98) • Molche beim Laichen (S. 96) • Laichzeit der Erdkröte (S. 93)	• Zitronenfalter beobachten (S. 103) • Nisthilfen für Nützlinge bauen & aufhängen (S. 98) • Kaulquappen Teich beobachten (S. 93)	• Maikäfer unter die Lupe nehmen (S. 97) • Am Teich auf die Lauer legen (S. 92) • Libellen beim Schlüpfen beobachten (S. 93)

Gartenjahr

JUNI	JULI	AUGUST	SEPTEMBER	OKTOBER	NOVEMBER	DEZEMBER
• Wunschliste ergänzen (S. 17) • Rasen-Parcour planen (S. 29) • Wand- oder Springbrunnen planen (S. 21) • Baumhaus aus Holz aufstellen (S. 23)	• Wunschliste ergänzen (S. 17) • Bauwagen aufstellen und dekorieren (S. 30) • Blumenwiesennest gestalten (S. 28)	• Wunschliste ergänzen (S. 17) • Kindersichere Wasserspiele planen (S. 21) • Ideen auf Gartenschauen sammeln (S. 15)	• Wunschliste ergänzen (S. 17) • Verstecke planen (S. 28) • Blumennest planen (S. 29) • Spirale oder Labyrinth planen (S. 29)	• Wunschliste erstellen oder ergänzen (S. 17) • Kinder-Bauwagen winterfest machen (S. 31) • Weitere Ideen mit Zwiebelblumen planen (S. 29)	• Wunschliste erstellen oder ergänzen (S. 17) • Weidentipi oder -tunnel planen (S. 27) • Pläne schmieden (S. 14)	• Wunschliste erstellen oder ergänzen (S. 17) • Kinderecke planen (S. 16) • Pläne schmieden (S. 14)
• Pflegen & Gießen (S. 44) • Hochbeet bepflanzen (S. 47) • Erste Erdbeeren und Kirschen naschen (S. 50) • An Duftpflanzen schnuppern (S. 48)	• Pflegen & Gießen (S. 44) • Zweijährige wie Vergissmeinnicht säen (S. 36) • Beerenobst naschen (S. 50) • An Duftpflanzen schnuppern (S. 48)	• Pflegen & Gießen (S. 44) • Zweijährige wie Vergissmeinnicht säen (S. 36) • Beerenobst naschen (S. 50) • An Duftpflanzen schnuppern (S. 48)	• Pflegen & Gießen (S. 44) • Herbstzeit – Erntezeit (S. 54) • Salate & Gemüse ernten (S. 54) • Frühäpfel und Pflaumen pflücken (S. 50) • Labyrinth (S. 60)	• Äpfel auf Pflückreife prüfen und ernten (S. 54) • Kartoffelparty feiern (S. 58) • Labyrinth oder Spirale pflanzen (S. 60) • Obstbäume pflanzen (S. 60)	• Äpfel ernten und Pflückreife prüfen (S. 54) • Kartoffelparty feiern (S. 58) • Labyrinth oder Spirale pflanzen (S. 60) • Obstbäume pflanzen (S. 60)	• An frostfreien Tagen Obstbäume pflanzen (S. 60)
• Sackhüpfen (S. 70) • Kinder-Olympiade (S. 70) • Dosen werfen (S. 71) • Märchenstunde im Gartenzelt (S. 72) • Matschen & Bauen (S. 76)	• Planschen & Spritzen (S. 74) • Matschen (S. 76) • Kinder-Olympiade (S. 70) • Blumenbilder basteln (S. 73) • Märchenstunde im Gartenzelt (S. 72)	• Planschen & Matschen (S. 74) • Kinder-Olympiade (S. 70) • Mobile & Windspiele basteln (S. 73) • Märchenstunde im Gartenzelt (S. 72) • Gartenparty (S. 78)	• Sackhüpfen (S. 70) • Apfel fischen (S. 78) • Gartenfest mit Würstchen schnappen (S. 79) • Planschen & Spritzen (S. 74) • Expedition (S. 80)	• Herbstlaub sammeln (S. 80) • Eichelmännchen und Kastanientiere basteln (S. 70) • Kürbis schnitzen & Halloween-Party (S. 84) • Laubschlacht (S. 81)	• Schubkarren-Wettrennen (S. 81) • Laubschlacht (S. 81) • Herbstlaub sammeln (S. 80) • Räuberhöhle im Herbstlaub bauen (S. 82)	• Basteln mit dem Herbstlaub (S. 83) • Holz-Instrumente bauen (S. 83) • Schneemann bauen (S. 86) • Laternen basteln (S. 88) • Kerzen ziehen & basteln (S. 88)
• Im Teich keschern (S. 93) • Vogeltränke aufstellen (S. 107) • Kaulquappen beobachten (S. 93) • Stall für Haustiere bauen (S. 105)	• Nützlinge beobachten (S. 101) • Schmetterlinge erkennen (S. 103) • Haustiere in den Garten bringen (S. 104) • Am Teich lauschen (S. 92)	• Nützlinge beobachten (S. 101) • Eine Nacht im Gartenzelt (S. 111) • Mit Haustieren im Garten spielen (S. 104) • Am Teich Tieren auflauern (S. 92)	• Vogel-Nistkästen reinigen (S. 107) • Fledermauskästen aufhängen (S. 111) • Fallobst für Schmetterlinge und Vögel liegen lassen (S. 103)	• Laubschicht auftürmen (S. 111) • Nachtaktive Tiere erkennen (S. 111) • Winterquartier für den Igel planen (S. 111) • Vogeltränke kontrollieren (S. 107)	• Vogelfutter selber machen und aufhängen (S. 109) • Igelhaus bauen und aufstellen (S. 111) • Eichhörnchenstation aufhängen (S. 111)	• Vogelfutter selber machen (S. 109) • Spuren im Schnee suchen und bestimmen (S. 112) • Vögel beobachten & füttern (S. 106) • Mit Haustieren spielen (S. 104)

Bezugsquellen

Efeu-Fertigzäune

Hansel
Garten- und Landschaftsbau
Am Hahnweg 5
01328 Dresden OT Weißig
Tel. 03 51/26 20 70
www.hansel.de

Immergrüne Fertighecken am laufenden Meter

Mecklenburger Fertighecken
Wolfshofer Weg 68
17349 Lindetal/OT Alt Käbelich
Tel. 0 39 66/21 04 22
www.eltima-mf.de

Weidenflechtzäune/-wände

Figuren-Stod'l Weinzierl
Garchinger Weg 29
85399 Hallbergmoos
Tel. 08 11/98 23 47
www.figuren-stodl.de

Strandkörbe

Agentur für Wohnen
Hubert Danelzik
Schottweg 8
22087 Hamburg
Tel. 040/220 62 69
www.strandkorbgeschenk.de
(auch Hängematten)

Strandkorb & Co
Listlandstr. 12
25992 List auf Sylt
Tel. 0 46 51/87 73 90
www.strandkorbundco.de
(auch Schaukelfiguren für Kinder)

Stefan Herdelt GmbH
Gutenbergstr. 13
86368 Gersthofen
Tel. 08 21/50 82 467
www.strandkoerbe24.de

Spielgeräte für Kinder, Becherlupe, Botanikbox

Jako-O
Werner-von-Siemens-Strr. 23
96476 Bad Rodach
Tel. 0 18 05/24 68 10
www.jako-o.de
(auch Gartenhandschuhe - fast alles für Kinder im Garten)

Kinderspielhaus, Sandkasten

Agentur für Wohnen
Adresse siehe Strandkörbe
(auch Kaufmannsläden und Ställe für Haustiere wie Kaninchen & Co)

Holz-Zentrum Mesem
Wierlings Hook 1
48249 Dülmen
Tel. 0 25 94/94 11 0
www.mesem24.de

Jako-O, Adresse siehe Spielgeräte

Weidenruten-Bausätze im Versand

Weiden-Art
Freitag & Sohn
Gartenstr. 21
85354 Freising
Tel. 0 81 61/91 57 6
www.freitag-weidenart.com

Schardt KG, Flechtmaterial
Neuenseerstrr. 3
96247 Michelau
Tel. 0 95 71/98 00 70
www.schardt-kg.de

Bauwagen als Kinderhaus

Brücke Schleswig-Holstein,
Lindenstraße 21
25524 Itzehoe
Tel. 0 48 21/6 79 10

Normaden-/Märchenzelt

Matz Design
Lange Straße 82
24399 Bad Amis
Tel. 0 46 42/92 08 99
www.matz-design.de

Jako-O, Adresse siehe Spielgeräte

Kinder-Gartengeräte

Torquato AG
Am Spakenberg 45
21500 Geesthacht
Tel. 0 41 52/801 400
www.torquato.de

Jako-O, Adresse siehe Spielgeräte

Duftpflanzen-Pakete für Kinder

Staudengärtnerei
Dieter Gaißmayer
Jungviehweide 3
89257 Illertissen
Tel. 0 73 03/72 58
www.staudengaissmayer.de

Syringa
Duft-, Heil- und Würzpflanzen
Bachstraße 7
78247 Hilzingen-Binningen
Tel. 0 77 39/14 52
www.syringa-samen.de

Die Blumenschule
Engler & Friesch
Augsburgerstr. 62
86956 Schongau
Tel. 0 88 61/73 73
www.blumenschule.de

Säulenäpfel, Kiwipflanzen und Monatserdbeeren

Artländer Pflanzenhof
Spezialversand für Obst- und Wildfruchtgehölze
Im Zwischenmersch
49610 Quakenbrück
Tel. 0 54 31/24 58
www.pflanzenhof-online.de

Blumenzwiebeln

Staudengärtnerei Bornhöved
Plöner Str. 10
24619 Bornhöved
Tel. 0 43 23/65 80
www.staudengaerten.de
(auch Saatgut und Gartenhandschuhe für Kinder, Nisthilfen)

Der Blumenzwiebelversand
Bernd Schober
Stätzlinger Str. 94a
86165 Augsburg
Tel. 08 21/72 98 95 00
www.der-blumenzwiebelversand.de

Kürbisschnitzbesteck

Kürbis-Company
Zur Bauernsiedlung 5
50354 Hürth-Fischenich
Tel. 022 33/94 99 43 1
www.uncle-bob.de
(auch großes Kürbis-Saatgut-Sortiment)

Die Blumenschule
Adresse siehe Duftpflanzen-Pakete

Gartendusche, alles zum Thema Wasser im Garten

Agentur für Wohnen,
Adresse siehe Strandkörbe
(auch Wand- und Springbrunnen)

Gärtner Pötschke
Pötschke Ambiente GmbH
Beuthener Str. 4
41564 Kaarst
Tel. 0 18 05/91 15 08
www.poetschke-ambiente.de

Oase GmbH
Postfach 2069
48469 Hörstel
Tel.: 0 54 54/90-2 72
Service-Tel. 08 00/6 27 37 58
www.oase-pumpen.com

Versandhaus Walz GmbH
Steinstr. 28
88339 Bad Waldsee
Tel. 0 75 24/703-0
www.baby-walz.com
(Wasserblume, siehe S. 75)

Gardena AG
Hans-Lorenser-Str. 40
89079 Ulm
Tel. 07 31/49 00
www.gardena.com

Vogelgerechte Futtersilos, Futtersäulen und -häuser sowie Insektennisthilfen und Fledermauskästen

re-natur
Charles-Ross-Weg 24
24601 Ruhwinkel
Tel. 0 43 23/9 01 00
www.re-natur.de
(auch Weidenflechtzäune)

Hasselfeldt
Vogel- und Naturschutz
Hauptstraße 86
24869 Dörpstedt
Tel. 0 46 27/18 49 61
www.hasselfeldt-naturschutz.de

Vogelnistkästen Hoppe
Oberkatternberg 2
42655 Solingen
Tel. 02 12/8 03 71
www.vogelnistkaesten.de

Schwegler Vogel- &
Naturschutzprodukte GmbH,
Heinkelstraße 35,
73614 Schorndorf
Tel. 0 71 81/97 74 50,
www.schwegler-natur.de
(auch Florfliegen-Quartier)

Gartenbedarf-Versand
Richard Ward
Günztalstr. 22
87733 Markt Reltenbach,
Tel. 0 83 92/16 46,
www.gartenbedarf-versand.de
(auch Eichhörnchen-Station)

Informationen zum Igelschutz

Station Natur und Umwelt
Cronenberger Str. 375 A
42349 Wuppertal
Tel 02 02/60 34 03
www.igelschutz-ev.de

Informationen zum Naturschutz, zu Nisthilfen und Vogelfütterung

NABU
Geschäftsstelle Bonn
Herbert-Rabius-Straße 26
53225 Bonn
Tel. 02 28/40 36 0
www.nabu.de

Bund für Umwelt und Naturschutz (BUND) e.V.
Bundesgeschäftsstelle
Am Köllnischen Park 1
10179 Berlin
www.bund.net

BUND-jugend
Bundesgeschäftsstelle
Tel. 030/ 27 58 65 0
www.bundjugend.de

Nützliche Internetseiten

www.kindersicherheit.de
www.giftnotruf.de
www.kinder-stadt.de
www.familienhandbuch.de

Spiel- und Basteltipps

www.zzzebra.de

Weiterführende Literatur

Wilhelm Eisenreich, Alfred Handel, Ute E. Zimmer:
Der neue BLV-Naturführer für unterwegs
BLV-Verlag 2005, München

Eberhard Gabler:
Nistkästen und Futterhäuschen.
BLV-Verlag 2004, München

Frank und Katrin Hecker:
Treffpunkt Teich und Tümpel.
Kosmos-Verlag 2003, Stuttgart

Angelika Lang:
Spuren und Fährten unserer Tiere.
BLV Verlag 2006, München

Michael Lohmann:
Vögel am Futterhaus.
BLV-Naturführer,
BLV-Verlag 2005, München

Anne Möller:
Nester bauen, Höhlen knabbern: Wie Insekten für ihre Kinder sorgen. Atlantis-Verlag 2004, Zürich
(ein schön illustriertes Kindersachbuch)

Andreas Schulze:
Vogelstimmen-CD
in Park und Gärten
BLV-Verlag 2000, München

Andreas Schulze:
CD Vogelstimmen erkennen mit farbigem Begleitbuch und Vogeluhr, BLV-Verlag 2000, München

Danksagung der Autorin
Herzlichen Dank an alle Kinder, die bei der Erstellung des Buches mitgeholfen haben, vor allem Elisabeth, Max, Louis, Andreas und Selina. Mein Dank geht auch an die Profigärtner Klaus Krohme und Dieter Gaißmayer.

Stichwortverzeichnis

Ziffern mit * verweisen auf Abbildungen

Bildnachweis

Bock: 2ul, 52, 73m, 73u, 75, 88
Buchter: 23, 47
Caspersen: 2or, 8, 13, 14, 15, 44, 66, 74
Gardena: 10, 45, 56, 80, 104
Hoppe: 9, 29, 33, 51, 54, 65, 72, 78, 79ol, 79or, 79m, 79ul
Kramp+Gölling/Flora/Picture Press: 7, 70, 71, 79ur
Krohme: 17, 24, 26, 27, 43, 55, 76, 85o, 85u, 89, 99o, 105, 109l
Niehoff: 2ur, 11, 12, 57u, 59, 64, 67, 81, 82l, 87, 91, 96, 100, 106o
Oase: 21, 77
Pforr: 35, 30ul, 53ul, 53ur, 93, 94, 95, 99u, 101l, 101m, 101r, 102r, 103, 106u, 109r, 113
Redeleit: 2ol, 36, 37, 46, 48, 53m, 57o, 58, 63, 73o, 82r, 92, 98, 110
Reinhard: 20, 34, 38, 39ol, 39or, 39m, 39ur, 42, 49ol, 49or, 49m, 49ul, 49ur, 53ol, 53or, 60, 83, 102l, 109m
Rogers: 22
Schiereck, Uwe/Flora/Picture Press: 68, 69l, 69r, 108
Stradtmann, R.C./Schöner Wohnen/Picture Press: 84
Ward: 111l
Wentorf/Flora/Picture Press: 30, 31

Grafiken:
Decker/Flora/Picture Press: S. 18/19
Sylvia Bespaluk: S. 25, 28, 41, 50, 61

Bibliographische Information der Deutschen Bibliothek

Die Deutsche Bibliothek verzeichnet diese Publikation in der Deutschen Nationalbibliographie; detaillierte bibliographische Daten sind im Internet über http://dnb.ddb.de abrufbar.

BLV Buchverlag GmbH & Co. KG
80797 München

Umschlaggestaltung:
Karin Niedermeier, München

Umschlagfotos:
Vorderseite: gettyimages
Rückseite: Hans Reinhard (links oben); Wolfgang Redeleit (Mitte unten); Andreas Bock (rechts unten)

Lektorat: Dr. Thomas Hagen
Herstellung: Ruth Bost
Layoutkonzept Innenteil: fuchs_design, Ottobrunn
Layout und Satz: Uhl + Massopust, Aalen

Gedruckt auf chlorfrei gebleichtem Papier

Printed in Germany
ISBN-10: 3-8354-0055-X
ISBN-13: 978-3-8354-0055-9

Eine kleine Auswahl aus unserem grossen Programm

Dorothée Waechter
Mein Wellness-Garten
Der Garten als Refugium für die Seele: Sicht- und Sonnenschutz, Rückzugsräume im Grünen, Feng Shui, Sitz- und Liegeplätze, Licht-Ideen, Pflanzen zum Fühlen und Be-Greifen, Wellness für den Gaumen, Wohlfühlfaktor Wasser.
ISBN 3-8354-0029-0

Wolfram Franke
Gartenteich-Träume
Faszination Wassergarten: Inspiration in opulenten Bildern; traumhafte Wassergarten-Beispiele bis hin zu Bachlauf und Schwimmteich; Praxis: Anlage, Pflanzenauswahl, Bepflanzung, Technik, Pflege.
ISBN 3-8354-0042-8

Marie-Luise Kreuter
Kräuter-Spezialitäten
Von Thai-Basilikum über Pfirsichsalbei bis Schokominze: würzige Schätze aus fernen Ländern mit Porträts der besten Sorten, Anbau- und Verwendungstipps – mit Rezepten.
ISBN 3-8354-0028-2

Iris Jachertz
Die schönsten Gartenblumen
Der Pflanzenberater für Einsteiger: Porträts von über 330 Stauden, Sommer- und Zwiebelblumen, Gräsern und Farnen; Gestaltungsgrundlagen, Kombinationsmöglichkeiten, Pflegepraxis.
ISBN 3-405-16761-2

Ursel Borstell/Text:Silke Kluth
GartenBlicke
Vom Zauber schöner Gärten: der Geschenkband mit brillanten Fotos; Beete, Pflanzen, Gestaltungen, Blüten – gesehen aus ungewohnten Perspektiven; mit Hintergrundinfos zu den Motiven.
ISBN 3-405-16965-8

Robert Markley
Rosen für jeden
Kompakte Infos, beste Fotos, frisches Layout – das optimale Einsteiger-Buch; alle Rosengruppen im Porträt von den Alten Rosen bis zu Edelrosen; Rosenpraxis: Standort, Auswahl, Pflanzung, Pflege, Schnitt; spezielle Expertentipps zu allen Rosengruppen.
ISBN 3-8354-0031-2

Marie-Luise Kreuter
Der Biogarten
Das Original – jetzt als Neuausgabe: das unentbehrliche Standardwerk, verfasst von Deutschlands bekanntester Biogärtnerin; mit Beilage »Pflanzenschutz-Kompass« zum schnellen Bestimmen und Abwehren von Schädlingen und Krankheiten.
ISBN 3-405-16674-8

Tobias Gold/Martina Bäumler
Lazy – So leicht kann Gärtnern sein
Genießen statt schwitzen – schöne Gärten mit wenig Aufwand: einfache Gestaltungsideen auch für Anfänger, pflegeleichte Pflanzen, die wichtigsten Gartenarbeiten Schritt für Schritt, Feste feiern im Garten.
ISBN 3-405-16098-7

Die zuverlässigen Berater

BLV Bücher bieten mehr:

- mehr Wissen
- mehr Erfahrung
- mehr Innovation
- mehr Praxisnutzen
- mehr Qualität

Denn 60 Jahre Ratgeberkompetenz sind nicht zu schlagen!

Unser Buchprogramm umfasst rund 800 Titel zu den Themen

Garten · Natur · Heimtiere · Jagd · Angeln · Sport · Golf · Reiten · Alpinismus · Fitness · Gesundheit · Kochen.

Ausführliche Informationen erhalten Sie unter **www.blv.de**

Dass Sie sich gut beraten fühlen – das ist unser Ziel. Falls Sie Fragen und/oder Anregungen haben, schreiben Sie uns bitte:

BLV Buchverlag GmbH & Co. KG
Lektorat · Lothstraße 19
80797 München
Postfach 40 02 20
80702 München
Telefon 089/12705-0 · Fax -545
E-mail: blv.verlag@blv.de

blv

Mehr Erlesen!

Disney Stitch

Bébé Stitch